El método Tools

El método Tools

5 herramientas que te ayudarán a encontrar el coraje, la creatividad y la fuerza de voluntad para impulsar tu vida hacia delante

Phil Stutz y Barry Michels

Traducción de Jofre Homedes Beutnagel

PAIDÓS

Obra editada en colaboración con Editorial Planeta - España

Título original: *The tools. 5 tools to help you find courage, creativity, and willpower—and inspire you to live life in forward motion*

Bajo el sello editorial PAIDÓS M.R.
Avenida Presidente Masarik núm. 111,
Piso 2, Polanco V Sección, Miguel Hidalgo
C.P. 11560, Ciudad de México
www.planetadelibros.com.mx
www.paidos.com.mx

Primera edición impresa en España: julio de 2023
ISBN: 978-84-1100-190-8

Primera edición impresa en México: noviembre de 2023
Primera reimpresión en México: abril de 2024
ISBN: 978-607-569-583-9

Impreso en los talleres de Impregráfica Digital, S.A. de C.V.
Av. Coyoacán 100-D, Valle Norte, Benito Juárez
Ciudad de México, C.P. 03103
Impreso en México – *Printed in Mexico*

Para Lucy Quvus, que nunca ha dejado que me rinda.

PHIL STUTZ

Para mi hermana Debra, guerrera espiritual
de primerísimo orden, que me enseñó a vivir
con elegancia, valentía y amor.

BARRY MICHELS

Dulces son los usos de la adversidad;
los cuales, como un sapo, feo y venenoso,
portan todavía una preciada joya sobre su cabeza.

William Shakespeare, *Como gustéis*

Las cosas que duelen, instruyen.

Benjamin Franklin

ÍNDICE

1

REVELACIÓN DE UN NUEVO CAMINO

Roberta era una nueva paciente de psicoterapia que me hizo sentir totalmente ineficaz a los quince minutos de haberla conocido. Acudía a mí con un objetivo muy concreto: dejar de obsesionarse con que su novio la estaba engañando.

—Leo sus mensajes y le hago preguntas sin parar; a veces hasta paso en coche por su casa para espiarlo. Nunca descubro nada, pero no lo puedo evitar.

El problema, a mi juicio, tenía una explicación fácil: cuando Roberta era pequeña, su padre había abandonado a la familia de la noche a la mañana. Ahora, a medio camino entre los veinte y los treinta, seguía aterrada por el abandono. Sin embargo, antes de que pudiéramos profundizar me miró a los ojos y me dijo:

—Dime cómo puedo dejar de obsesionarme. No me hagas perder tiempo y dinero con el porqué de mi inseguridad, que ya lo sé.

Si Roberta viniera hoy a verme, me encantaría que estuviera tan segura de sus objetivos y sabría con exactitud cómo ayudarla, pero la conocí hace veinticinco años, en mis inicios como psicoterapeuta, y el hecho de que fuera tan directa me sentó muy mal. No tenía respuesta.

Tampoco me lo reproché. Había dedicado dos años a devorar todas las teorías psicoterapéuticas habidas y por haber, pero cuanta más información digería, más insatisfecho me sentía. Las teorías se me antojaban muy distantes de la experiencia real de las personas que tenían problemas y necesitaban que las ayudasen. En lo más profundo de mi ser no sentía que me hubieran enseñado a responder directamente a lo que pedían pacientes como Roberta.

Quizá, me dije, no pudiera aprenderse en ningún libro; tal vez solo lo enseñara la consulta directa, cara a cara, con alguien que hubiera estado en la brecha. Yo tenía una relación muy buena con dos de mis supervisores, que, además de conocerme bien, llevaban muchas décadas de experiencia clínica a sus espaldas. Sin duda tendrían una respuesta para aquel tipo de requerimientos.

Cuando les describí la petición de Roberta, su respuesta confirmó mis máximos temores: no solo no tenían una solución que darme, sino que veían como parte del problema lo que a mí me parecía una solicitud muy razonable. Usaron muchos términos clínicos: Roberta era «impulsiva», «resistente» y «exigía gratificación inmediata». Me advirtieron que intentar satisfacer sus necesidades inmediatas la volvería aún más exigente.

Su consejo unánime fue hacerla retroceder hasta la infancia, donde hallaríamos la causa primigenia de su obsesión. Yo les dije que Roberta ya sabía por qué se obsesionaba. La respuesta de mis supervisores fue que el abandono de su padre no podía ser el auténtico motivo.

—Tienes que profundizar todavía más en su infancia.

Me harté de tantas evasivas. Ya me sabía la cantinela: cada vez que un paciente hacía una petición directa el terapeuta se la rebotaba, diciéndole que «profundizase». Escondían la verdad como trileros, pero a la hora de prestar una ayuda inmediata tenían muy poco que ofrecer. Me llevé una decepción y algo más: la desoladora impresión de que hablaban en nombre de toda la profesión. Yo, en todo caso, nunca había oído decir nada distinto. No sabía a quién recurrir.

Entonces tuve un golpe de suerte: un amigo me dijo que había conocido a un psiquiatra que sentía el mismo rechazo hacia el sistema que yo.

—Este sí que responde a las preguntas, y te aseguro que lo que contesta no lo habrás oído nunca.

El psiquiatra en cuestión estaba impartiendo una serie de seminarios, a uno de los cuales decidí asistir. Fue entonces cuando conocí al doctor Phil Stutz, coautor de este libro.

Aquel seminario cambió mi forma de trabajar… y mi vida.

La manera de pensar de Phil me pareció completamente nueva en todos los aspectos, pero lo más importante es que sentí en lo más profundo de mi ser que era cierta. Hasta entonces no había conocido a ningún psicoterapeuta que en vez de centrarse en el problema lo hiciera en la solución. Phil albergaba la absoluta convicción de que los seres humanos poseían fuerzas sin explotar que les permitían resolver sus propios problemas. De hecho, su visión de los problemas estaba en las antípodas de lo que me habían enseñado a mí: él no los veía como obstáculos para el paciente, sino como oportunidades para entrar en un mundo de posibilidades sin explotar.

Mi primera reacción fue de escepticismo. Lo de convertir los problemas en oportunidades ya lo había oído antes, pero nadie me había explicado la manera exacta de aplicarlo. Phil le dio claridad y concreción: había que sacar partido a los recursos ocultos mediante una serie de técnicas poderosas pero simples que cualquier persona podía utilizar. A esas técnicas les daba el nombre de «herramientas».

Salí del seminario tan entusiasmado que sentía que podía volar; y no solo porque hubiera verdaderas herramientas que pudieran ayudar a la gente, sino por la actitud de Phil, que se mostraba abiertamente a todos, con sus teorías y sus herramientas, sin exigirnos que aceptáramos lo que decía ni otra insistencia que la de que usáramos las herramientas y llegáramos a nuestras propias conclusiones sobre lo que eran capaces de lograr. Casi nos desafiaba a desmentirlo. Me dio la impresión de que era un hombre muy valiente, o muy loco; posiblemente era las dos cosas. En todo caso, el efecto que tuvo en mí fue catalizador: me sentí como si hubiera salido bruscamente al aire libre tras el dogma asfixiante de mis colegas más tradicionales. Vi todavía más claro hasta qué punto se escondían estos últimos detrás de un muro impenetrable de ideas enrevesadas que no consideraban necesario poner a prueba o experimentar personalmente.

En el seminario aprendí una sola herramienta, pero la puse inmediatamente en práctica, impaciente por aplicarla con Roberta y convencido de que le sería de mayor ayuda que escarbar en el pasado. En la siguiente sesión le dije:

—Mira lo que puedes hacer en cuanto empieces a obsesionarte.

Y le hablé de la herramienta (que expondré más adelante). ¡Cuál fue mi sorpresa cuando vi que se adueñaba de ella y empezaba a usarla de inmediato! Pero lo más asombroso fue que funcionó. Mis colegas se equivocaban. No por darle a Roberta algo que le procurase una ayuda inmediata se volvió más exigente e inmadura, sino todo lo contrario: le dio la inspiración necesaria para convertirse en participante activa y entusiasta de su propia terapia.

En muy poco tiempo había pasado de sentirme inútil a lograr efectos muy positivos en otra persona. Sentí en mí una gran avidez: la de tener más información, más herramientas y entender en profundidad su funcionamiento. ¿Era un mero cajón de sastre compuesto por distintas técnicas, o —como sospechaba— un nuevo enfoque del ser humano?

En mi búsqueda de respuestas empecé a acorralar a Phil después de cada seminario y a sonsacarle el máximo de información posible. Él siempre se prestaba (como si le gustase responder a mis preguntas), pero cada respuesta desembocaba en un nuevo interrogante. Como me parecía haber dado con una verdadera mina, quise acumular todos los datos que pudiera. Era insaciable.

De ahí surgió otro tema: lo que me enseñaba Phil era tan poderoso que quise convertirlo en el eje de mi trabajo con los pacientes, pero no existía ningún programa pedagógico en el que matricularse, ni metas académicas a superar. A mí esas cosas se me daban bien, pero a Phil no parecían interesarle lo más mínimo. Me sentí inseguro. ¿Cómo hacer méritos para que me formase? ¿Llegaría a considerarme un candidato? ¿Lo alejaba con mis preguntas?

Poco después de que empezase a impartir mis seminarios comenzó a asistir un joven muy apasionado, un tal Barry Michels, que, con ciertos titubeos, se presentó como terapeuta, aunque, por lo pormenorizado de las preguntas que me hacía, parecía más bien un abogado. En todo caso, era muy inteligente.

Pero yo no le respondía por eso. A mí nunca me han impresionado el intelecto ni el currículum. Lo que me llamó la atención fue su entusiasmo y que al volver a casa utilizase las herramientas por su cuenta. Fueran o no imaginaciones mías, me dio la impresión de que llevaba mucho tiempo en busca de algo y de que por fin lo había encontrado.

Un día me hizo una pregunta que nunca me habían hecho.

—Me gustaría saber... quién te ha enseñado... las herramientas y lo demás. En mi programa de formación no vimos absolutamente nada de todo esto.

—No me lo ha enseñado nadie.

—¿Quieres decir que se te ha ocurrido a ti solo?

Vacilé.

—Sí... Bueno, no exactamente.

No supe si debía explicarle de dónde sacaba realmente la información. Era una historia un poco insólita. Sin embargo, como me pareció una persona abierta de miras, decidí probar.

Empecé por los primeros pacientes a quienes traté, en especial uno de ellos.

Tony era un residente joven de cirugía en el hospital donde yo hacía la residencia en psiquiatría, pero, a diferencia de gran parte de los cirujanos, no tenía nada de arrogante; tanto es así que el primer día que lo vi merodear junto a la puerta de mi despacho me pareció un ratón dentro de una trampa. Le pregunté qué le pasaba y contestó:

—Me da miedo un examen.

Temblaba como si el examen fuera dentro de diez minutos, cuando faltaban todavía seis meses. Le daban miedo todos los exámenes y aquel era de los gordos: la prueba que lo facultaría como cirujano ante el colegio de médicos.

Yo interpreté su caso como me habían enseñado a hacer. El padre de Tony había hecho fortuna en el sector de las tintorerías, pero era un hombre sin estudios y con arraigados sentimientos de inferioridad. De puertas afuera quería que su hijo se convirtiera en un cirujano famoso para participar de su triunfo, pero en el fondo era tan inseguro que vivía como una amenaza la idea de que su hijo lo superase. Por eso Tony tenía un pavor inconsciente al éxito: porque su padre lo vería como un rival y pasaría al contraataque. Su forma de protegerse era suspender los exámenes. Al menos eso era lo que me habían enseñado a pensar.

Tony se tomó mi interpretación con escepticismo.

—Me suena a cosa de manual. Mi padre nunca me ha empujado a hacer nada por él. No puedo echarle la culpa de mi problema.

Aun así, al principio pareció que lo ayudaba: tenía mejor aspecto, y también se sentía mejor por dentro. Sin embargo, a medida que se aproximaba el día del examen rebrotaron todos los síntomas de golpe y quiso aplazarlo. Yo le aseguré que todo se debía al miedo inconsciente que tenía a su padre y que bastaría con seguir hablando sobre el tema para que se le pasase, como antes. Era el enfoque tradicional de aquel tipo de problemas, el de la eficacia comprobada. Tan convencido estaba yo que le di garantías de que aprobaría el examen.

Me equivoqué. Suspendió estrepitosamente.

Después solo hubo otra sesión; Tony seguía pareciendo un ratón en una trampa, pero ahora era un ratón enfadado, y sus palabras se me quedaron grabadas:

—En el fondo no me has dado una manera de vencer mis temores. Hablar cada vez sobre mi padre ha sido como enfrentarse a un gorila con una pistola de agua. Me has fallado.

La experiencia con Tony me abrió los ojos: me di cuenta de lo indefensos que podían sentirse los pacientes al tener que enfrentarse solos a un problema. Lo que necesitaban eran soluciones que les dieran poder para contraatacar, y ese tipo de poder no pueden darlo las teorías ni las explicaciones; lo que necesitan son fuerzas que sientan ellos mismos.

A este fracaso lo siguieron otros menos espectaculares, siempre con pacientes expuestos a algún tipo de sufrimiento: depresión, pánico, rabia obsesiva, etcétera. Todos imploraban que les enseñase la manera de aliviar su dolor, y yo no sabía qué hacer para ayudarlos.

En superar fracasos ya tenía experiencia: de pequeño me encantaba el baloncesto y jugaba con niños mejores y más altos que yo. (La verdad es que más altos lo eran casi todos.) Si jugaba mal, me limitaba a seguir practicando. Pero esto era diferente. Desde que perdí la fe en cómo me habían enseñado a hacer terapia ya no hubo nada que practicar. Era como si alguien me hubiera quitado la pelota y se la hubiera llevado.

Mis supervisores eran profesionales sinceros y entregados, pero atribuyeron mis dudas a la inexperiencia. Me dijeron que la mayoría de los terapeutas jóvenes dudan de sí mismos, pero que con el paso del tiempo aprenden que la psicología tiene sus límites y al aceptarlos dejan de hacerse tantos reproches.

Eso a mí me resultaba inaceptable.

Yo no estaría satisfecho hasta el día en que pudiera dar a los pacientes lo que me pedían: una manera de contraatacar. Decidí buscarla a cualquier precio. Ahora que lo pienso, solo fue el siguiente paso de un camino que emprendí a los nueve años.

Fue entonces cuando mi hermano de tres años murió de un tipo infrecuente de cáncer, algo de lo que mis padres, cuyos recursos emocionales eran limitados, nunca se recuperaron: se hundieron en un clima de fracaso, y con ello cambió mi papel dentro de la familia. Las esperanzas de futuro de mis padres se centraron en mí, como si tuviera el poder de ahuyentar el fracaso. Cada tarde, al volver del trabajo, mi padre se sentaba en su mecedora y empezaba a preocuparse.

Pero no en silencio.

Me avisaba —a mí, que estaba sentado en el suelo, al lado de la mecedora— de que su empresa podía quebrar el día menos pensado («irse al carajo», decía él) y me hacía preguntas del tipo: «¿Tú te las podrías arreglar con solo un par de pantalones?», o «¿Y si tuviéramos que vivir todos en una habitación?». Sus miedos no eran realistas, eran lo máximo que él podía acercarse a reconocer su pánico a que la muerte volviera a visitarnos. Durante los siguientes años me di cuenta de que mi trabajo era tranquilizarlo; en suma, a los doce años me convertí en el psiquiatra de mi padre.

Tampoco es que me lo planteara así; de hecho, no me lo planteaba de ninguna manera. Me impulsaba el miedo instintivo de que si no aceptaba aquel papel acabaríamos sumidos en la catástrofe y, aunque no fuera nada realista, entonces lo vivía como algo de lo más real. Vivir de niño una presión así me dio fuerzas para cuando fui mayor y tuve pacientes de verdad. A mí no me intimidaban sus exigencias como sí les sucedía a muchos colegas. Llevaba casi veinte años desempeñando ese papel.

De todos modos, la voluntad de plantar cara a su dolor no equivalía a saber cómo hacerlo. Si algo tenía claro era que estaba solo: no existían libros sobre la materia, no conocía a expertos con quienes poder intercambiar ideas ni había programas pedagógicos a los que inscribirse. Solamente contaba con mi intuición y, aunque entonces aún no lo supiera, esa intuición estaba a punto de llevarme a una fuente de información completamente nueva.

Mi intuición me condujo al presente. Mis pacientes sufrían en el presente, por lo que devolverlos al pasado era una mera distracción, y yo no quería nuevos Tonys. En el pasado hay recuerdos, emociones y momentos de clarividencia, todos valiosos a su modo, pero lo que yo buscaba era algo lo bastante poderoso para que les procurase alivio aquí y ahora, y para encontrarlo debía quedarme en el presente.

Solo tenía una regla: cada vez que un paciente solicitase auxilio (contra el resentimiento, la timidez, la desmoralización o cualquier otra cosa) había que abordar el problema en el momento mismo. Se me tenía que ocurrir algo de inmediato. Trabajando sin red, me acostumbré a decir en voz alta cualquier ocurrencia que pudiera ayudar al paciente. Era un poco como la libre asociación de Freud pero al revés: a cargo del médico, no del paciente. No estoy muy seguro de que a Freud le hubiera parecido bien.

Llegué a un punto en que podía hablar sin saber qué diría después, y empecé a tener la sensación de que a través de mí hablaba otra fuerza. Poco a poco se manifestaron las herramientas de este libro (y la filosofía en la que se basan). El único criterio que debían cumplir era que funcionasen.

Dado que nunca he considerado completa mi búsqueda hasta poder brindar una herramienta específica a un paciente, es básico entender exactamente a qué me refiero con el término herramienta. Una herramienta es mucho más que un «ajuste de actitud». Si cambiar de vida solo fuera cuestión de ajustar actitudes, no haría falta este libro. Para cambiar de verdad hay que cambiar de conducta, no solo de actitud.

Pongamos que las contrariedades te hacen gritar, y que te desahogas con tu cónyuge, tus hijos o tus empleados. Alguien te ayuda a darte cuenta de lo feo que es eso y de cuánto perjudica tus relaciones y ahora tienes una nueva actitud respecto a los gritos. Es posible que te creas más educado y mejor persona... hasta que un empleado comete un grave error, momento en el que, sin pensarlo, te pones a gritar de nuevo.

Ningún cambio de actitud conseguirá que dejes de gritar, porque las actitudes no pueden controlar la conducta; no son lo bastante fuertes. Para controlar la conducta se necesita un procedimiento específico que se use en momentos específicos para luchar contra problemas específicos. Eso son las herramientas.

En el caso de los gritos, tendrás que esperar al capítulo 3 (a ser posible sin gritar) para saber cuál es la herramienta indicada. De momento lo que debes saber es que las herramientas, a diferencia de los ajustes de actitud, te exigen hacer algo. No solo implican trabajo, sino repetir constantemente ese trabajo, y con inmediatez, en el momento en que se produce la contrariedad. De nada sirve una nueva actitud si no va acompañada de un cambio de conducta, y la manera más segura de cambiar la conducta es con una herramienta.

Aparte de lo que llevamos dicho, existe una diferencia aún más esencial entre las herramientas y las actitudes. Una actitud consiste en pensamientos que se producen en el cerebro; aunque la modifiques, seguirás trabajando dentro de los límites que ya tenías. El valor más profundo de las herramientas es que nos llevan más allá de lo que ocurre en la cabeza. Nos ponen en contacto con un mundo infinitamente mayor que nosotros, un mundo de fuerzas ilimitadas. Poco importa el nombre que le des, si inconsciente colectivo o mundo espiritual. A mí me ha parecido que lo más sencillo era llamarlo «el mundo superior», y a las fuerzas que contiene, «fuerzas superiores».

Si me costó tanto desarrollar las herramientas fue porque necesitaba que fueran muy potentes. Al principio la información se presentaba en bruto, inacabada, y tenía que reformular cientos de veces cada herramienta, pero mis pacientes nunca se quejaban, sino todo lo contrario: les gustaba participar en la creación de algo. Siempre estaban dispuestos a probar una nueva versión de la herramienta y volver para explicarme qué funcionaba y qué no. Ellos solo pedían que la herramienta les sirviera de ayuda.

Este proceso me hizo vulnerable ante mis pacientes. Ya no podía guardar las distancias, como una autoridad omnisciente que impartiese información desde lo alto. Era más bien un esfuerzo conjunto, lo cual en el fondo fue un alivio, porque yo nunca había estado cómodo con el modelo psicológico tradicional en el que el paciente está «enfermo» y el psiquiatra lo «cura» desde lejos, mirándolo como un pescado muerto. Siempre me había ofendido. No me sentía superior a mis pacientes.

Como terapeuta lo que me gustaba no era mantener a raya a los pacientes, sino depositar poder en sus manos. Enseñarles las herramientas era mi manera de hacerles el mayor de los regalos: la capacidad de cambiar su vida. Por eso era tan y tan satisfactorio completar cada nueva herramienta.

En este proceso de maduración de las herramientas lo sorprendente era la claridad con que se mostraban formadas por completo. Nunca tuve la sensación de inventar nada, sino la certeza de estar descubriendo algo que ya existía. Lo que sí aportaba era la fe en que por cada problema que pudiera identificar habría una herramienta por descubrir que lo aliviase. Hasta que aparecía la herramienta, yo era como un perro con un hueso.

Y esa fe estaba a punto de verse retribuida de una forma impensable.

Con el paso del tiempo, observé la evolución de los pacientes que hacían un uso sistemático de las herramientas y, tal como esperaba, vi que eran capaces de controlar sus síntomas: pánico, negatividad, evitación, etcétera. Pero al mismo tiempo les pasaba otra cosa, algo inesperado: empezaban a formarse nuevas capacidades. Se expresaban con más seguridad, descubrían niveles de creatividad desconocidos y se revelaban como líderes. Estaban influyendo, en muchos casos por primera vez, en el mundo que los rodeaba.

Yo eso jamás me lo había propuesto. Definía mi trabajo como devolver al paciente a la «normalidad». Aquellos pacientes, sin embargo, estaban yendo mucho más allá de la normalidad, desarrollando un potencial que ni siquiera eran conscientes de poseer. Usadas durante cierto tiempo, las herramientas que mitigaban el dolor en el presente incidían en todas las facetas de su vida. Estaban resultando más poderosas de lo que yo esperaba.

Para entenderlo tuve que fijarme en algo más que en las propias herramientas y examinar más a fondo las fuerzas superiores que activaban. No era la primera vez que las veía actuar. Tampoco tú, puesto que todo ser humano las ha experimentado. Tienen un poder oculto, inesperado, que nos permite hacer cosas que suelen parecernos imposibles, pero la mayoría de la gente solo accede a ellas en casos de emergencia: entonces podemos actuar con un valor y una riqueza de recursos superior, pero en cuanto la emergencia pasa, los poderes desaparecen y olvidamos haberlos tenido.

Las experiencias de mis pacientes me abrieron los ojos a una visión completamente nueva del potencial humano. Mis pacientes actuaban como si tuvieran acceso cotidiano a aquellas fuerzas. Al usar las herramientas era posible generarlas cuando se quisiera, aspecto que revolucionó mi visión de cómo debe funcionar la psicoterapia: en vez de ver los problemas como la expresión de un «trastorno» cuya causa estaba en el pasado, había que verlos como catalizadores del desarrollo de unas fuerzas que ya estaban en el presente, latentes en nuestro interior.

El terapeuta, sin embargo, no debe limitarse a ver los problemas como catalizadores: su cometido es dar al paciente un acceso concreto a las fuerzas necesarias para resolver el problema. Era imprescindible no limitarse a hablar de las fuerzas, había que sentirlas, y para eso hacía falta algo que nunca había proporcionado la terapia: un juego de herramientas.

Había dedicado una hora completa a verter un alud de información que Barry asimilaba sin problemas, asintiendo con vigor en ciertos puntos. Solo hubo una pega: me di cuenta de que al oír mencionar las «fuerzas» la expresión de Barry se volvía dubitativa. Sabiendo que no se le daba bien disimular lo que pensaba, me preparé para lo que era una pregunta inevitable.

Casi todo lo que había dicho Phil era una revelación, que absorbí como una esponja y que me dispuse a usar con mis pacientes, pero había un punto que se me atragantaba: la parte sobre las fuerzas superiores a las que se refería sin cesar. Phil me estaba pidiendo que creyese en algo que no se podía medir, ni tan siquiera ver. Yo estaba casi seguro de haber disimulado mis dudas cuando, de pronto, Phil interrumpió mis pensamientos.

—Te preocupa algo.

—No, nada… Ha sido impresionante.

Se limitó a mirarme fijamente. No me había sentido así desde pequeño, cuando me pillaron echando azúcar a los cereales.

—Vale, vale, solo una tontería… Bueno, no es ninguna tontería. ¿Estás del todo seguro en cuanto a lo de las fuerzas superiores?

Desde luego, parecía estar seguro.

Me hizo una pregunta.

—¿Tú has hecho alguna vez un gran cambio en tu vida, como un salto cuántico que te llevara mucho más allá de lo que creías posible?

La verdad es que sí. Por mucho empeño que pusiera en olvidarlo, mis primeros pasos laborales los había dado como abogado. A los veintidós años me dieron plaza en una de las mejores facultades de derecho del país; a los veinticinco me licencié con las mejores notas de mi promoción, y enseguida me contrató un bufete prestigioso. Había conquistado el sistema; estaba en la cumbre de la montaña... y lo aborrecí enseguida. Era un mundo rígido, conservador, aburrido. Luchaba a todas horas contra el ansia de dejarlo, pero siempre había dado el máximo de mí, toda la vida, y en mi repertorio no entraba abandonar nada. ¿Cómo explicaría mi renuncia a una profesión de poder y bien remunerada, sobre todo a mis padres, que me habían animado toda la vida a dedicarme al derecho?

Al final, no sé bien cómo, lo dejé. Me acuerdo perfectamente del día: tenía veintiocho años, estaba en el vestíbulo del edificio de oficinas donde trabajaba, viendo pasar caras mudas y vidriosas por la acera, y hubo un momento en que, para mi horror, me vi el rostro reflejado en el cristal: mis ojos parecían muertos. De repente me sentí en peligro de perderlo todo y convertirme en otro de aquellos zombis de traje gris y, de forma igual de repentina, sentí algo que nunca había sentido: una fuerza de convicción absoluta, de confianza absoluta. Sentí que, sin esfuerzo alguno por mi parte, esa fuerza me llevaba directamente al despacho de mi jefe. Renuncié de inmediato a mi trabajo. Al rememorar esos momentos, a la luz de la pregunta de Phil, comprendí que sí me había impulsado una fuerza llegada de otra parte.

Mi descripción llenó de entusiasmo a Phil.

—De eso es de lo que hablo —dijo señalándome—. Sentiste que intervenía una fuerza superior. Son experiencias que se producen constantemente, pero la gente no comprende lo que está sintiendo. —Hizo una pausa y me preguntó—: ¿Verdad que no fue algo que hubieras planeado?

Yo negué con la cabeza.

—¿Te imaginas cómo sería tu vida si pudieras recurrir a esa fuerza siempre que quisieras? Eso es lo que permiten las herramientas.

Yo seguía sin poder aceptar la idea de unas fuerzas superiores, pero no importaba. Al margen del nombre que se le pusiera a la fuerza que me permitió cambiar de vida, estaba seguro de su existencia. La había sentido. Si las herramientas me permitían recurrir a ella cada día, me resultaba indiferente la manera de llamarla. Tampoco les importó a mis pacientes cuando les presenté las herramientas. Estaba entusiasmado por la posibilidad de ayudar a cambiar realmente sus vidas; la emoción que irradiaba no podía ser fingida y les llamó la atención como nada hasta entonces.

Las reacciones fueron todas positivas. Muchos me comentaron que las sesiones les parecían mucho más productivas.

—Normalmente salía de aquí sin tener nada claro, sin saber si la sesión me había servido de algo. Ahora me marcho con la sensación de que puedo hacer cosas, algo práctico que me ayudará.

Por primera vez en mi corta carrera me sentía capaz de infundir esperanza en mis pacientes, y eso lo cambió todo. Empecé a oír siempre la misma frase: «Me has dado más en una sesión de lo que había conseguido en años de terapia». El número de mis pacientes no dejaba de aumentar. Me sentía más realizado que nunca; y sí, observé en mis pacientes los mismos cambios que había visto Phil al descubrir las herramientas. Su vida se ampliaba de forma inesperada. Se estaban convirtiendo en mejores líderes, y también en mejores padres; tenían más arrojo en todas las facetas de su vida.

Han pasado veinticinco años desde que nos conocimos y las herramientas han conseguido exactamente lo que dijo Phil que lograrían: una conexión diaria con fuerzas superiores que transforman la vida. Cuanto más uso las herramientas, más claramente siento que esas fuerzas llegaron hasta mí, no surgieron de mí: son un regalo procedente de algún sitio. Poseen un poder extraordinario que me ha permitido hacer cosas que nunca había hecho. Con el paso del tiempo conseguí aceptar que esos nuevos poderes me los habían dado fuerzas superiores y no solo llevo dos décadas y media experimentándolas, sino que he tenido el privilegio de enseñar a mis pacientes a acceder a ellas con la misma regularidad.

El objetivo de este libro es que tú puedas hacer lo mismo. Son fuerzas que revolucionarán tu forma de ver la vida y tus problemas; problemas que no volverán a asustarte ni a atosigarte. En vez de preguntarte si puedes hacer algo para resolver el problema aprenderás a hacerte una pregunta muy distinta: «¿Qué herramienta me permite resolverlo?».

Entre Phil y yo acumulamos sesenta años de experiencia psicoterapéutica, que han sido nuestra base para discernir cuatro problemas esenciales que impiden a la gente vivir como desea. La felicidad y la satisfacción que obtengas en la vida dependerán de hasta qué punto logres liberarte de esos problemas. Cada uno de los cuatro capítulos siguientes se dedica a uno de ellos, a la vez que te aporta la herramienta más eficaz para combatirlo. Explicaremos cómo te conecta la herramienta con una fuerza superior y cómo esa fuerza resuelve tu problema.

Es posible que no veas reflejados tus conflictos con exactitud en las dificultades de los pacientes a las que nos referiremos, lo cual, por suerte, no significa que no puedas aprovechar las herramientas: descubrirás que te ayudan en diversas situaciones. Para despejar cualquier duda al respecto, al final de cada capítulo describiremos lo que llamamos «otros usos» de cada herramienta. Probablemente descubras que como mínimo uno de ellos se ajusta a tu vida. Lo que hemos descubierto nosotros es que las cuatro fuerzas superiores que invocan las herramientas son requisitos básicos para tener una vida plena. No importa tanto la forma que adopte tu problema como que uses las herramientas.

Phil y yo estamos seguros de todo lo que contiene el libro porque ha sido desarrollado y puesto a prueba mediante experiencias reales; sin embargo, no nos tomes la palabra: léelo con escepticismo. Es posible que al hacerlo cuestiones algunas ideas. Son preguntas que ya hemos oído en otras ocasiones, y por eso hacia el final de cada capítulo responderemos a las más frecuentes. Las auténticas respuestas, sin embargo, están en las herramientas: utilizándolas podrás experimentar los efectos de las fuerzas superiores. A nosotros nos consta que, una vez que alguien las ha experimentado repetidas veces, sus reparos se desvanecen.

Dado que lo esencial es lograr que uses las herramientas, al final de cada capítulo encontrarás un breve resumen del problema, la herramienta y cómo usarla. Si te tomas en serio su utilización, volverás muchas veces a estas síntesis a fin de no perder el rumbo.

Cuando acabes de leer los cuatro primeros capítulos habrás aprendido las cuatro herramientas que te permitirán vivir con plenitud. Quizá te parezca que no necesitas nada más, pero no es así. Aunque pueda sorprenderte, la mayoría de las personas dejan de usar las herramientas a pesar de que funcionen. Es uno de los rasgos más exasperantes del ser humano: dejamos de hacer lo que más nos beneficia.

Nuestro deseo de ayudarte a cambiar de vida es muy serio. Si ese también es tu caso, tendrás que superar la resistencia a la que acabamos de referirnos. Es el momento de la verdad. Para lograrlo deberás entender qué te impide utilizar las herramientas y necesitarás una manera de pasar a la ofensiva. El capítulo 6 te explica cómo y te proporciona una quinta herramienta, que en algunos aspectos es la más decisiva: es la que garantiza que sigas usando las otras cuatro.

Aún necesitas una cosa más para tener la seguridad absoluta de que no dejarás de utilizar las herramientas que te permitirán ponerte en contacto con las fuerzas superiores: fe. Las fuerzas superiores son tan misteriosas que casi es imposible no dudar de vez en cuando de su existencia. Habrá incluso quien diga que es el gran quid existencial de la época moderna: cómo tener fe en algo totalmente intangible. En mi caso, la duda y la incredulidad son algo que mamé desde la cuna, en la medida en que mis padres eran ambos ateos. Ellos se habrían reído de la palabra *fe*, y no digamos de unas «fuerzas superiores» que no pueden explicarse racional o científicamente. El capítulo 7 documentará mi pugna por depositar mi confianza en esas fuerzas y mi empeño por ayudarte a ti a hacer lo mismo. Si yo he aprendido a tener fe, todo el mundo puede aprender, te lo aseguro.

Suponía que aceptar la existencia real de las fuerzas superiores era el último acto de fe que tendría que hacer, pero me equivocaba. Phil aún se guardaba en la manga otra idea estrambótica: según él, cada vez que una persona usaba una herramienta las fuerzas superiores invocadas no la beneficiaban solo a ella, sino a todo su entorno. Con el paso de los años me pareció una idea cada vez menos peregrina, y he acabado por creer que no es que las fuerzas superiores sean beneficiosas para la sociedad, es que no podríamos sobrevivir sin ellas. No es necesario que me tomes la palabra. El capítulo 8 te enseñará una manera de vivirlo por ti mismo.

La salud de nuestra sociedad depende del esfuerzo de cada individuo. Cada vez que alguno de nosotros accede a las fuerzas superiores nos beneficiamos todos; por eso quienes saben usar las herramientas tienen una responsabilidad especial y se convierten en los primeros que llevan las fuerzas superiores a la sociedad. Son pioneros en la construcción de una comunidad nueva y fortalecida.

Cada mañana, al despertarme, doy gracias por la existencia de las fuerzas superiores, que nunca dejan de manifestarse de nuevas maneras. A lo largo de este libro compartimos contigo su magia. Nos llena de emoción que estés a punto de emprender el viaje.

2

Herramienta:
LA INVERSIÓN DEL DESEO

Fuerza superior: la fuerza de la progresión

Mi paciente Vinny tenía un dudoso don: el de enemistarse con cualquier persona a los pocos minutos de conocerla. En nuestra primera sesión lo recibí en la sala de espera y él me espetó con sarcasmo:

—¡Menuda decoración! ¿De dónde has sacado toda esta porquería? ¿Del mercadillo? Tú con IKEA te sentirías en un palacio.

Cuando no usaba su ingenio para encizañar a sus congéneres era humorista de monólogos, y de los buenos, pero su talento no se reflejaba en su currículum. Cuando lo conocí tenía treinta y tres años, llevaba más de diez haciendo monólogos y nunca había salido del circuito de los pequeños clubes.

Desde luego no era por falta de oportunidades. Su agente se dedicaba en cuerpo y alma a buscarle escenarios de éxito: clubes más grandes, programas de televisión, series de humor... La competencia era dura, pero Vinny tenía posibilidades: era muy gracioso. El problema era que siempre saboteaba los esfuerzos de su agente. En el último incidente este había concertado una reunión con el dueño de un club importante, de los que pueden lanzar a alguien o hundirlo en el olvido, y Vinny no se había presentado. Ni siquiera había llamado para dar explicaciones o cambiar de fecha. Esto había sido la gota que colmaba el vaso para su agente, que lo había amenazado con despedirse si no acudía a verme.

—Y he decidido que sería mejor seguirle el rollo —me dijo Vinny con un guiño cómplice.

Le pregunté por qué no se había presentado y me dio una excusa absurda, la primera de una larga serie.

—No soy de los que se levantan temprano —dijo en tono ofendido—. Mi representante ya lo sabe.

—¿Y no podías hacer una excepción, ya que era algo tan importante para tu carrera?

Sacudió rotundamente la cabezota.

—No, yo a esa rueda histérica de «hazlo todo por tu carrera» no me subo. Demasiado estrés.

Si levantarse pronto era demasiado pedir, resultaba comprensible que la carrera de Vinny estuviera en punto muerto. Lo de la reunión solo era el último ejemplo de autosabotaje. Otro fiasco fue cuando su agente le consiguió una sala grande para una gala benéfica: la actuación iba bien, pero en un momento dado Vinny empezó a contar chistes ofensivos y lo abuchearon tanto que tuvo que salir del escenario. Parecía que disfrutaba molestando a la gente. Un día su agente consiguió que lo invitasen a una fiesta *in* de Hollywood, donde podría hacer la corte a las personas que llevaban la contratación de los actores de las series televisivas, y Vinny se presentó borracho, vestido de cualquier manera y apestando a vómito.

—¿Te has cuestionado alguna vez por qué revientas tu carrera ex profeso? —le pregunté.

—Yo no reviento nada. Lo que pasa es que no me vendo. Hacer de lameculos en una fiesta puede parecer inofensivo, pero imagínate que te hacen un favor: al poco tiempo ya estarías censurando tu mejor material y acabarías contando chistes como el del pingüino en un bar solo para complacer a todo el mundo.

Si complacer a todo el mundo era llegar puntualmente a las reuniones, era justo lo que necesitaba, pero él no lo veía así.

—Mi trabajo es hacer gracia, no complacer… Si quieres a alguien agradable, contrata a un tío al que le parezca delicioso el pan blanco con mayonesa. Hasta le regalaré la bolsa de papel para que se lo pueda llevar al trabajo.

Vinny me estaba dando una clase práctica de cómo destruir una carrera, pero lo peor era que se había convencido de que todo nacía de su sentido de la rectitud. Lo puse en evidencia.

—Supongo que sí, que es como dices tú. Yo creo que deberías ir a ver a tu agente y decirle que te irá muy bien sin él y que ya estás satisfecho en el nivel en el que te mueves. Las actuaciones te las puedes concertar tú mismo. —Dejé caer la libreta y el bolígrafo en la mesa y me levanté de la silla—. Si acabamos ahora la sesión, ni siquiera te cobraré.

Vinny abrió mucho los ojos.

—Pero... si... —balbuceó—. Pensaba que podríamos... —Cerró los ojos y recuperó la compostura—. Yo no es que no quiera progresar...

—Pues entonces, ¿qué tal si eres sincero sobre la razón por la que la cagas siempre?

Tardó un poco, pero acabó reconociendo que odiaba las situaciones en que su suerte dependía de otros: entrevistas, pruebas y hasta una llamada telefónica a alguien que pudiera impulsar su carrera. Eran situaciones que lo hacían vulnerable y huía de ellas como de la peste.

Yo le pregunté qué había de malo en necesitar algo de los demás.

—Lo odio —rezongó. La razón la reveló después de algunas preguntas—. Salí del útero vestido de payaso y haciendo mucho ruido para llamar la atención. De niño siempre probaba nuevo material con los clientes de mi padre. A él le ponía de los nervios.

—¿Por qué?

—Tenía su negocio en casa.

—¿Qué tipo de negocio?

—Una funeraria.

Me reí.

—Venga, Vinny, no me tomes el pelo.

—No te tomo el pelo. Cada día me metía sin permiso en la sala de espera a hacer mi número, y cada noche me daban con el cinturón. Si me venía abajo y lloraba, él me llamaba «marica» y me pegaba con más fuerza. —Se le empezaron a empañar los ojos—. Joder, era una pesadilla.

La razón por la que Vinny era capaz de todo con tal de no verse en una situación de vulnerabilidad estaba clara: no quería darle a nadie más la oportunidad de infligirle sufrimiento. Pero el precio que había pagado había sido muy alto: había sacrificado su carrera.

Puede que tú no hayas hecho nunca un sacrificio como el de Vinny, pero no he conocido a nadie que no haya renunciado a algo para evitar el dolor.

LA ZONA DE CONFORT

Si lo hiciéramos una o dos veces al año, evitar el dolor no sería ningún problema, pero la mayoría lo asumimos como una costumbre muy arraigada: nos parapetamos tras un muro invisible que no traspasamos porque al otro lado hay dolor. Este espacio seguro recibe el nombre de «zona de confort». En los casos más extremos la gente se esconde tras los muros reales de su casa, temerosa de salir al exterior; es lo que significa ser agorafóbico. Para la mayoría, sin embargo, la zona de confort no es un espacio físico, sino una manera de vivir que evita todo lo que pueda causar dolor.

La zona de confort de Vinny consistía en situaciones en las que se sentía a salvo: clubes pequeños donde sabía que era una presencia fija, un pequeño círculo de amigos del colegio que le reían todos los chistes y una novia incapaz de abandonarlo, le exigiera lo que le exigiese. Vinny evitaba cualquier situación en la que se sintiera vulnerable: hacer una prueba para un trabajo más importante, colaborar con gente que pudiera impulsar su carrera o tener de pareja a una mujer con vida propia.

Quizá tu zona de confort no sea tan obvia como la de Vinny, pero tienes una, como todo el mundo. Veamos cómo es. Prueba a hacer el siguiente ejercicio. (Los ejercicios siempre es mejor hacerlos con los ojos cerrados.)

> Elige algo que odies: viajar, conocer gente nueva, las reuniones familiares... ¿Cómo organizas tu vida para poder evitarlo? Imagínate que esas pautas son un lugar donde te escondes: es tu zona de confort. ¿Qué sensación te produce?

Probablemente hayas tenido la sensación de encontrarte en un lugar seguro, conocido, ajeno al dolor que trae consigo el mundo. Se trata de una recreación casi completa de tu zona de confort, con la excepción del ingrediente final, y es que, por raro que parezca, no nos basta con la simple huida del dolor; insistimos en que lo reemplace el placer.

Lo hacemos con una gama interminable de actividades adictivas: navegar por internet, las drogas y el alcohol, la pornografía, eso que tan oportunamente se ha dado en llamar *comfort food* (comida reconfortante)... Hasta jugar o ir de compras de manera frenética son, en cierto modo, placeres. Se trata de conductas muy extendidas; somos una cultura en busca de su zona de confort.

Estas actividades las entretejemos con los hábitos del día a día. Vinny, por ejemplo, siempre se pasaba las noches fumando porros con los mismos amigos, comiendo pizza y jugando a videojuegos. Él describía esos momentos como si entrara en un universo alternativo: «Le das una vez y el resto del mundo desaparece».

Este otro mundo se vive como un baño caliente, calmante y placentero, como si por un momento encontraras el camino de vuelta al seno materno. Sin embargo, las actividades «de baño caliente» no hacen más que agravar nuestros impedimentos. Cuanto más te escondas en el baño caliente, menos dispuesto estarás a enfrentarte con la ducha fría de la realidad.

Pregúntate cuáles son en tu caso las actividades de «baño caliente». Cuanto mayor sea la frecuencia con que sucumbes a ellas, más probable será que las uses para crear una zona de confort. Ahora prueba a hacer el siguiente ejercicio:

> Siente que disfrutas de una o más conductas de este tipo. Imagínate que el placer que experimentas te transporta a otro mundo. ¿Cómo afecta ese mundo a tu motivación?

Al margen de en qué consista tu zona de confort, siempre la pagas muy cara. La vida brinda un sinfín de posibilidades, pero van acompañadas de dolor, y si no eres capaz de aguantar el dolor, tampoco podrás estar del todo vivo. Existen muchas versiones de este fenómeno. Si eres tímido y esquivas a la gente, pierdes la vitalidad que comporta el sentimiento social. Si eres creativo pero no aguantas las críticas, evitas sacar tus ideas al mercado. Si eres un líder pero no sabes plantar cara, nadie te seguirá.

Supuestamente la zona de confort te pone fuera de peligro, pero en realidad empequeñece tu vida. Un buen ejemplo era Vinny: todas las facetas de su vida —su trabajo, sus amistades, y hasta su vida amorosa— eran miniaturas de lo que podrían haber sido.

He aquí una manera de visualizar la zona de confort y el precio que se paga por vivir en ella:

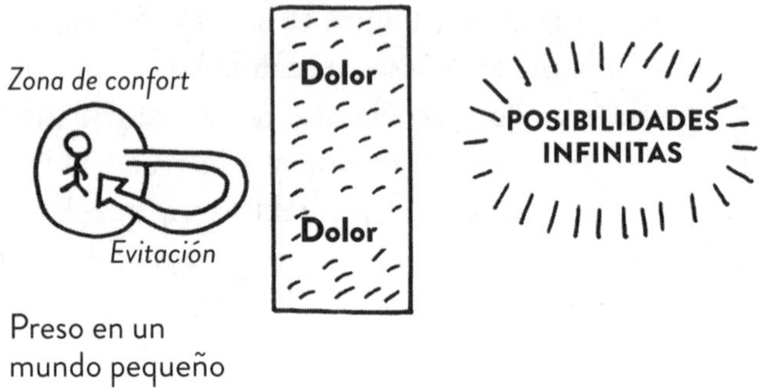

La mayoría somos como el monigote prisionero de su zona de confort. Para aprovechar las infinitas posibilidades que nos brinda la vida debemos atrevernos a salir. Lo primero que encontramos es el dolor. Si no sabemos atravesarlo, nos refugiamos de nuevo en la seguridad. Eso es lo que representa la flecha que sale, se aproxima al dolor y da media vuelta. Al final renunciamos a escaparnos de la zona de confort; nuestros sueños y aspiraciones más preciados se han perdido. Sobre esto escribió lo siguiente el médico, profesor y poeta del siglo XIX Oliver Wendell Holmes en *The Voiceless*: «Qué lástima, los que jamás cantan / y mueren con la música en su interior».

Es trágico morirse sin haber cantado nuestra canción, y lo peor es que los culpables somos nosotros mismos, que nos silenciamos. Sin embargo, pese al alto precio que pagamos por ello, no salimos de la zona de confort. ¿Por qué? Porque nos retiene en ella la típica debilidad moderna: la necesidad de gratificación inmediata. La zona de confort nos procura bienestar al instante, ¿a quién le importa el castigo futuro? Pero el castigo llega y trae consigo el peor de los dolores: el ser consciente de haber desperdiciado la vida.

Como sociedad se nos enseña a esperar, y hasta a exigir, una gratificación inmediata, y tenemos una capacidad increíble para racionalizar esta debilidad: en vez de reconocer que evitamos el dolor nos decimos que nuestra conducta es recta. Vinny se había convencido de que se negaba a «venderse». Acabamos teniendo una visión del mundo distorsionada, en la que el hecho de evitar parece algo bueno y hasta valiente e idealista. Es el peor de todos los pecados: mentirnos a nosotros mismos. Así el cambio es imposible.

Se lo expliqué todo a Vinny, y el mero hecho de entender por qué estaba tan atascado ya hizo que se sintiese un poco mejor. Me dio las gracias y empezó a ir hacia la puerta.

—No tan deprisa —le dije yo. Puso cara de sorpresa—. Me alegro de que te encuentres mejor, pero si nos quedamos aquí, no habrá cambiado nada; seguirás atascado en la zona de confort. ¿Quieres aceptar ese castigo?

—Si me dejas irme, sí —contestó Vinny medio en broma, pero volvió a sentarse, y por primera vez le vi en los ojos la esperanza de que su vida pudiera ser mejor de lo que era.

FUERZA SUPERIOR: LA PROGRESIÓN

Hay personas que se niegan a que su vida sea limitada. Son pocos, y superan cantidades tremendas de dolor, desde el rechazo y el fracaso hasta momentos más breves de vergüenza y ansiedad. También se las manejan con el pequeño y aburrido dolor que exige la disciplina personal y se fuerzan a hacer cosas que todos sabemos que deberíamos hacer pero no hacemos (como el ejercicio físico, la buena alimentación y la organización). Al no evitar nada, estas personas pueden ir en pos de sus aspiraciones más altas y parecen más vivas que las demás.

Algo en ellas les da la fuerza necesaria para soportar el dolor: motivación. Lo que hacen en el presente, por doloroso que sea, adquiere sentido en relación con lo que quieren del futuro. A quien evita solo le importa la gratificación inmediata; no se responsabiliza de su futuro.

La motivación no es algo que venga de la mera reflexión, sino de acciones que nos impulsan hacia el futuro. En cuanto se emprenden estas acciones se activa una fuerza más potente que el deseo de evitar el dolor. Es lo que nosotros llamamos la fuerza de la progresión.

Se trata de la primera de las cinco fuerzas superiores de las que hablaremos en este libro; «superiores» porque pertenecen a un plano en que el universo ordena y crea y les confiere poderes misteriosos. Son poderes invisibles, pero sus efectos están por todas partes, como ejemplifica más que ninguna otra la fuerza de la progresión.

Su poder es el de la vida misma. Todo lo vivo evoluciona hacia el futuro con motivación, desde un simple organismo hasta una especie y el planeta entero. Dylan Thomas lo llamó «la fuerza que por el verde tallo impulsa la flor». La existencia continuada de la vida durante millones de años da fe de la invencible firmeza de la fuerza de la progresión.

Tu vida no ha sido ajena a su poder. Empezaste a vivir como un bebé indefenso, pero en un plazo de tiempo sorprendentemente corto pasaste de gatear a ponerte de pie y a caminar, todo ello a pesar de una infinidad de traspiés dolorosos. Fíjate en cómo aprende a andar un bebé: por muchas veces que se caiga tarda poco tiempo en volver a levantarse y perseguir su objetivo. Su motivación es increíble. Lo alimenta la fuerza de la progresión.

Esta fuerza impulsa a los niños a formarse en las capacidades básicas que necesitan para hacerse mayores y, dado que su función es idéntica en todos, actúa como una presencia universal de la que ellos no son conscientes. En los adultos la cosa cambia. La principal misión de un adulto es buscar su objetivo en la vida, y como ese objetivo es distinto para cada persona, encontrarlo es algo puramente individual. La fuerza de la progresión solo funciona si el individuo decide conscientemente usarla y acepta el dolor que comporta.

En vez de eso, la mayoría optamos por la evitación, y de resultas de ello no cumplimos nuestro potencial ni llegamos a ser nosotros mismos por completo. Vinny era un buen ejemplo de ello. De niño se vio impulsado a desarrollarse como actor y, a pesar de los azotes, actuaba cada día para los clientes de su padre; de adulto, en cambio, decidió que ya no quería ser vulnerable y esa decisión lo convirtió en una versión amargada y limitada de lo que debería haber sido.

—Con la progresión —le dije a Vinny, dejándome llevar por mi entusiasmo—, tu vida se convierte en una estrella rutilante que no deja de crecer. Cuando te escondes en la zona de confort la vida se vuelve un agujero negro que se devora a sí mismo.

Vinny no compartía mi entusiasmo.

—Pareces mi profesora de catequesis, que, por cierto, me consta que era una solterona que nunca había echado un polvo. Tú no tienes ni idea de lo que es ponerse delante de un montón de cabrones.

La crudeza de sus palabras no me impidió entenderlo. Para Vinny, la fuerza de la progresión era simple palabrería. Para tener fe en ella necesitaba sentirla en su interior.

Desde mi punto de vista, eso era precisamente lo que le faltaba a la psicoterapia tradicional: tenía la capacidad de despertar ideas y emociones, pero no un modo directo de poner a los pacientes en contacto con las fuerzas que necesitaban para cambiar de vida. Al conocer a Phil me di cuenta de que él había aprendido a establecer ese contacto. La respuesta estaba en el poder de las herramientas que había descubierto.

El cometido de esas herramientas era aprovechar lo inusual de las fuerzas superiores. Empleamos las fuerzas que podemos controlar: pisamos el acelerador, encendemos la luz, abrimos el grifo del agua caliente y obtenemos el resultado que buscábamos. Son fuerzas separadas de nosotros, que controlamos desde fuera, sin que importe nuestro estado personal.

Con las fuerzas superiores no funciona así, no están sometidas a un control externo. Para dominar una fuerza superior debes fundirte con ella, y eso se logra adoptando la misma forma que adopta la fuerza, convirtiéndote en una versión de ella en miniatura. Es algo que no conseguirás a fuerza de pensar. Tienes que cambiar el estado de tu ser.

Por eso son tan geniales las herramientas. Cada una de ellas te permite «imitar» el mecanismo de una fuerza superior distinta haciendo que te fundas con ella, nutriéndote de su energía. Este libro explica en qué consisten las cinco fuerzas superiores básicas, y a continuación te enseña la herramienta que te alinea con cada una de ellas. Con la práctica podrás invocarlas cuando quieras, y te darán algo que no tiene precio: la capacidad de crear tu propio futuro.

HERRAMIENTA: LA INVERSIÓN DEL DESEO

Si hemos empezado por la fuerza de la progresión es porque sus características, el moverse sin tregua y con motivación por todo el universo, hacen que sea la más evidente de todas. Para alimentarte de esta fuerza deberás avanzar sin tregua por tu propia vida. Solo entonces habrás adoptado su forma.

Sin embargo, no es tan fácil. Ahora ya sabes que evitamos a toda costa el dolor de la progresión. Pero a Phil no parecía que lo intimidase esta nefasta debilidad del ser humano. Él me dijo, con una seguridad absoluta, que cualquier persona podía dominar su miedo al dolor, y a la pregunta de cómo estaba tan seguro respondió que había descubierto una herramienta que enseñaba a desear el dolor.

Sonaba raro, incluso para Phil. Me pregunté si no sería una especie de masoquista o algo peor, pero solo hasta que me contó la siguiente anécdota; entonces comprendí que no estaba tan loco como parecía.

A los trece años, en el instituto, yo era un retaco en una clase solo de chicos que parecían gigantes. Lo peor de la semana era la clase de dibujo técnico. Mis dibujos eran manchas enormes que parecían el test de Rorschach.

Pero más miedo que la clase en sí me daba el alumno a quien tenía al lado. Corpulento y peludo, tenía dieciocho años y era el capitán y la estrella del equipo de fútbol americano. Yo lo veía como una mezcla de dios y animal muy peligroso. Por suerte, teníamos como mínimo un punto en común: éramos los peores dibujantes de la clase. Unidos por nuestra incompetencia, se me sinceró. Habló de su tema más querido: el fútbol americano. Se le consideraba el mejor *running back* de la zona, y por algún motivo tenía muchas ganas de explicarme cómo había llegado hasta allí.

Quedé tan impresionado por lo que me dijo que cuarenta años después todavía me acuerdo. Me contó que no era el *running back* más rápido de la ciudad, ni el que mejor esquivaba, ni tampoco el más fuerte, pero a pesar de todo seguía siendo el mejor de la ciudad, y lo podía demostrar con todas las becas que le habían ofrecido. La razón de que fuera el mejor, me dijo, no tenía nada que ver con sus capacidades físicas, sino con su actitud ante los choques. Pedía la pelota desde el primer momento y echaba a correr hacia el placador que estuviera más cerca. No intentaba engañarlo ni escaparse: corría directamente hacia él y chocaba contra él adrede, por mucho que el golpe le doliera. «Al levantarme me siento genial, vivo. Por eso soy el mejor. Los otros *runners* tienen miedo; se les ve en los ojos.» Tenía razón: a ninguno de los otros le apetecía lo más mínimo que lo aplastase un defensa.

Lo primero que pensé fue que estaba loco. Vivía en un mundo de dolor y peligro constantes y le gustaba. Era justamente el mundo que yo había evitado durante toda mi corta vida. Aun así, no me quitaba de la cabeza su estrafalaria idea: si te lanzas al peligro, te creas superpoderes. Y cuantos más años pasaban, más cuenta me daba de que era verdad, tanto en el deporte como fuera de él.

Sin saberlo, aquel chico me dio a conocer el secreto para dominar el dolor y la base de la herramienta capaz de conectar a cualquier persona con la fuerza de la progresión.

Aquel jugador de fútbol americano destacaba entre el resto de los jugadores por haber «invertido» el deseo humano normal de evitar el dolor, que en su caso, por el contrario, era algo buscado. Lo que a él le salía como algo natural parece imposible para el ser humano medio, pero no lo es: con la herramienta indicada, cualquier persona puede aprender a desear el dolor.

La herramienta se llama inversión del deseo. Antes de probarla, elige una situación que evites. No hace falta que implique dolor físico, como en el caso del jugador de fútbol americano; probablemente lo que evites sea más bien algún tipo de dolor emocional: una llamada telefónica que aplazas, un proyecto que parece inabarcable o un trabajo simplemente aburrido. Vinny evitaba el rechazo al que debería hacer frente si aspiraba a progresar en el mundo del espectáculo.

Una vez elegida la situación, imagínate el dolor que sentirías. Después, olvida la situación y concéntrate en el dolor mismo. A continuación, intenta usar la herramienta.

La inversión del deseo

Ves que el dolor aparece ante ti como una nube. Grita en silencio a la nube: «¡VENGA!». Sientes que un intenso deseo del dolor te hace entrar en la nube.

Sin dejar de avanzar, grita en silencio: «¡ME ENCANTA EL DOLOR!». Penetra en el dolor hasta fundirte con él.

Sentirás que la nube te escupe y se cierra a tus espaldas. Di internamente, con convicción: «EL DOLOR ME LIBERA». Al salir de la nube te sentirás impulsado hacia unos dominios de luz pura.

En los primeros dos pasos tienes que activar tu propia voluntad, pero en el último deberías sentirte arrastrado por una fuerza muy superior a ti: es la fuerza de la progresión.

Cuando hagas que «venga» el dolor, que sea lo más extremo posible. ¿Cómo te sentaría ser objeto del peor desenlace? El público abuchea tu discurso. Tu mujer te deja plantado en medio de la discusión. Si eres capaz de dominar lo peor, todo lo demás se vuelve fácil. Cuanto más intenso sea el dolor —y también la agresividad con que penetras en él—, más energía generarás.

Aprende a seguir los tres pasos rápidamente pero con intensidad. No lo hagas solo una vez. Repite los pasos una y otra vez hasta sentir que has convertido todo el dolor en energía. Para acordarte de los pasos, puedes memorizar las frases que los acompañan:

1. «Venga.»
2. «Me encanta el dolor.»
3. «El dolor me libera.»

El mero hecho de pronunciarlas te ayudará.

Ahora ya deberías tener claro por qué a esta herramienta la llamamos inversión del deseo: has cogido tu deseo normal de evitar el dolor y le has dado la vuelta; lo has convertido en deseo de enfrentarte a él.

CÓMO LA INVERSIÓN DEL DESEO DOMINA EL DOLOR

El uso habitual de esta herramienta revela un secreto acerca del dolor que te permite dominarlo: el dolor no es absoluto. La manera de experimentar el dolor cambia en función de cómo se reacciona a él. Cuando te acercas a él, el dolor se empequeñece. Cuando te alejas de él, el dolor crece. Si huyes del dolor, te persigue, como los monstruos de los sueños, pero si le plantas cara, el monstruo se va.

Por eso el deseo es una parte esencial de la herramienta, que te hace ir constantemente hacia el dolor. No es que desees el dolor porque seas masoquista, sino para empequeñecerlo. Cuando tengas la seguridad de que puedes hacerlo en todos los casos habrás dominado tu miedo al dolor.

El siguiente gráfico ilustra cómo funciona este proceso. Esta vez, al salir de la zona de confort, la figura tiene una actitud totalmente distinta: no solo no intenta evitar el dolor, sino que lo desea. Es ese deseo lo que la pone en marcha. Como ya hemos dicho, cuando te acercas a él, el dolor disminuye y se vuelve menos amedrentador. Ahora ya puedes cruzarlo y entrar en un mundo ampliado de posibilidades infinitas.

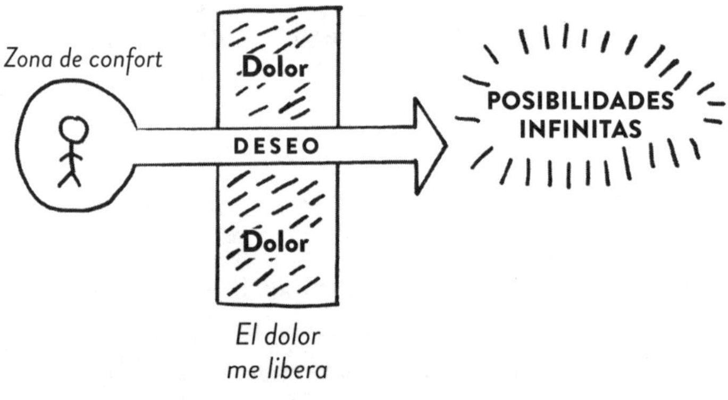

La primera lección sobre el poder de entrar en el dolor me la dio mi padre al enseñarme a hacer *bodysurf*. Lo primero que me enseñó fue a meterme en el agua fría.

Tienes que zambullirte de golpe, sin pensar. Bajábamos corriendo por la playa, a la mayor velocidad posible, y nos zambullíamos lo más profundamente que podíamos. Impresionaba, pero después hacíamos *bodysurf* mientras los demás nadadores aún se torturaban intentando entrar lentamente en el agua. Al recordarlo me doy cuenta de que esa fue la primera vez que me animaron a acercarme voluntariamente al dolor.

CUÁNDO USAR LA INVERSIÓN DEL DESEO

Antes de tener la seguridad de que Vinny sabría utilizar él solo la herramienta, lo guie muchas veces por la inversión del deseo en mi consulta. «Me hace sentir tonificado, como si hubiera hecho ejercicio —reconocía él—. ¿Y cuándo se supone que tengo que hacerlo?»

Era una buena pregunta, válida para todas las herramientas que presentamos en este libro. Es tan importante saber cuándo usar una herramienta como aprender a usarla. Hemos descubierto que este aspecto no se puede dejar al azar. Para cada herramienta hay un conjunto de momentos fáciles de reconocer que piden su utilización. Nosotros los llamamos «pies», como los que hacen recitar su diálogo a los actores. Usa la herramienta de manera inmediata cada vez que reconozcas un pie.

En el caso de la inversión del deseo, el primer pie es obvio: justo antes de hacer algo que quieres evitar. Pongamos que tienes que llamar a alguien que te intimida, o que te urge ponerte a trabajar pero estás inquieto o distraído. En momentos así concéntrate en el dolor exacto que sentirías si empezaras la acción. A ese dolor aplícale la herramienta (si hace falta varias veces) hasta que te sientas impulsado hacia delante por la energía del último paso. No te pares a pensar; deja que te lance a llevar a cabo la acción que estabas evitando.

El segundo pie no es tan obvio, porque se produce dentro de tus pensamientos. Todos incurrimos en la misma mala costumbre: si tenemos que hacer algo que nos desagrada profundamente, en vez de hacerlo empezamos a pensar: «¿Por qué tengo que hacerlo? No puedo; ya lo haré la semana que viene», etcétera. Pero pensar no nos ayuda a actuar ante el dolor; de hecho, suele hacer que lo evitemos aún más. La única manera de que tus pensamientos puedan ayudarte a dominar el dolor es recurrir a la inversión del deseo. Es el segundo pie: cada vez que te sorprendas pensando en la acción temida deja de pensar y usa la herramienta.

Este pie te enseña a usar la herramienta de forma inmediata. Por muy alejada que esté la acción, la fuerza que necesitas para progresar solo se puede generar en el presente. Cada vez que usas este segundo pie haces un depósito en una cuenta bancaria invisible, pero no de dinero, sino de energía, hasta que tengas acumulada la suficiente para entrar en acción.

Vinny tuvo ocasión de ponerlo a prueba. Uno de los requisitos para poner orden en su vida era llamar al poderoso dueño del club a quien había dejado plantado. Pedirle trabajo ya le intimidaba bastante, pero ahora, además, tenía que pedirle perdón. Cada vez que se decía «no puedo hacerlo» era un pie para usar la inversión del deseo. Después de dos semanas en esta línea, se sorprendió a sí mismo haciendo la llamada y, como no recibió respuesta hasta cinco días después, tuvo ocasión de usar el pie cientos de veces más.

Finalmente recibió la temida llamada de respuesta. El dueño del club dejó a Vinny a la altura del betún.

—Mierda, han sido los cinco minutos más largos de mi vida —dijo Vinny.

Mientras hablaba con él, al dueño le entró otra llamada y dejó a Vinny en espera «otros cinco putos minutos». Vinny se agarró a la inversión del deseo como a un clavo ardiendo, con la expectativa de que los insultos siguieran, pero la otra llamada era la cancelación de un humorista justamente para aquella noche, y el dueño del club terminó ofreciéndole el hueco a Vinny, que se metió al público en el bolsillo. El desenlace dejó atónito a Vinny; o, en sus propias palabras, «pura potra, tío».

LA VENTAJA SECRETA: CONVERTIR EL DOLOR EN PODER

La verdad es que de potra nada. Es algo que he visto muchas veces: cuando un paciente realmente se esfuerza en progresar, aparecen de golpe personas y oportunidades, como por arte de magia, y lo ayudan en su camino.

Yo mismo lo experimenté en mi propia vida antes de saber nada de las herramientas: para mí, el prestigio automático y los elevados sueldos del mundo jurídico fueron una jaula de oro, una zona de confort, a su manera, y para poner mi vida de nuevo en movimiento tuve que dejar mi bufete. Decidí ser psicólogo. Era consciente, sin embargo, de que tardaría cuatro años en estar debidamente acreditado. Mientras tanto, ¿cómo me mantendría? Mandé mi currículum a decenas de abogados pidiendo un trabajo a tiempo parcial, pero sin grandes esperanzas. La mayoría me rechazaron. Justo cuando empezaba a desesperarme recibí la llamada imprevista de un abogado que había estudiado en la misma facultad de derecho que yo. Fue un regalo del cielo. Me dejó trabajar las horas que yo quisiera, muchas o pocas; incluso me introdujo en las leyes del divorcio, un campo en el que pude empezar a aguzar mis facultades psicoterapéuticas. Sin su ayuda no podría haber efectuado la transición.

Desde que empecé a ejercer en la psicoterapia tuve la certeza de que faltaba algo en mi formación. No ayudaba a la gente tanto como sabía que podía ayudarla. Buscaba sin cesar a alguien que me enseñase cómo funcionaba todo y, pese a repetidas decepciones, seguía buscando. Eso fue lo que me empujó a asistir al seminario de Phil. Está claro que para mí Phil representó uno de esos momentos «de suerte». Contestaba a mis preguntas sin vacilar jamás, a pesar de que se las hacía a cientos, y, a diferencia de otros, nunca se lo tomó personalmente, ni me dio la espalda cuando yo ponía en duda sus respuestas. Era como tener una enciclopedia interactiva con respuestas para las preguntas que yo llevaba haciéndome toda la vida.

Si estos encuentros casuales, estas oportunidades súbitas, no se deben a la suerte, ¿a qué se deben? El explorador escocés del siglo XX W. H. Murray lo describió así: «Cuando te implicas en algo con firmeza, también se pone en marcha la Providencia [...] poniendo a tu favor toda suerte de incidentes, encuentros y ayuda material, imprevistos con los que ni soñabas que contarías».

Providencia es una palabra anticuada, pero también la más exacta. Connota el respaldo y la orientación que recibes de algo mayor que tú mismo. Lo que decía Murray es que la progresión te sincroniza con otro movimiento mayor, el del universo, y que gracias a ello puedes aprovechar la miríada de oportunidades que es capaz de brindarte. Esta ayuda imprevista es uno de los muchos beneficios que pueden aportarte las fuerzas superiores. Está sujeta a las mismas reglas de las que ya hemos hablado anteriormente: las fuerzas no se pueden controlar desde fuera; para alimentarse de su energía hay que volverse como ellas.

Esto se presta fácilmente al simplismo. Uno de mis pacientes estuvo muchas noches y muchos fines de semana dando vueltas a una propuesta única y creativa para su jefe, pero al final, cuando reunió el valor necesario para presentársela, el jefe la rechazó. «Me habías dicho que si yo progresaba el universo me ayudaría», se me quejó el paciente.

Este error de interpretación es típico de la manera de pensar actual, que quiere que las fuerzas espirituales puedan predecirse y controlarse. Progresar es una forma poderosa de entrar en contacto con fuerzas superiores, sí, pero en última instancia estas fuerzas son un misterio, y a menudo su forma de actuar excede la comprensión inmediata. El universo no te recompensará como a una foca amaestrada cada vez que progreses; esa es una idea ingenua y una mera versión de la zona de confort.

A medida que los pacientes aprenden a trabajar con las fuerzas superiores se topan con otro misterio: el de que justo cuando aumentan sus poderes ocurra algo malo e inesperado. Muchos se indignan, como si su conexión con las fuerzas superiores hubiera debido inmunizarlos ante la adversidad.

Esta reacción revela cierta inmadurez espiritual. El verdadero adulto acepta que existe una diferencia básica entre los objetivos que nos planteamos y los que nos asigna el universo. En general, los seres humanos quieren tener éxito en el mundo exterior, montando una empresa de éxito, por ejemplo, o encontrando a la pareja de su vida. En cambio, al universo le da igual nuestro éxito exterior: su objetivo es desarrollar nuestra *fuerza interior*. A nosotros nos preocupan nuestros logros de puertas afuera; al universo le interesa cómo somos por dentro.

Se explica así que la adversidad no cese ni aun cuando hemos empezado a progresar: la adversidad es la única manera que tiene el universo de aumentar nuestra fuerza interior. Todos entendemos que para desarrollar un músculo es necesario someterlo a resistencia, en forma de algo muy pesado. Pues bien, la adversidad vendría a ser la «pesa» contra la que desarrollas tu fuerza interior.

Yo he sido testigo de la increíble fortaleza que pueden adquirir las personas cuando luchan contra la adversidad. Traté a una mujer cuyo marido se ocupaba de todas las cuestiones económicas. Al quedarse viuda tuvo que aprender los rudimentos financieros, pero un año después de la muerte de su marido no solo triunfó como empresaria, sino que era menos pasiva en todas sus relaciones. Lo he visto incluso en niños: una adolescente se refugia en su única amistad, la estrella de la clase, una arribista que le da calabazas con un mensaje brutal («Me he cansado de hacer ver que soy amiga tuya»). La madre teme que nunca se le pase el trauma, pero lo que le sucede a la joven es que se ve obligada a moverse entre el resto de las chicas y descubre que es muy popular por sí sola. Sus amistades se hacen más profundas y su autoestima no solo no disminuye, sino que aumenta.

Existe una fuerza interior escondida que solo se puede encontrar cuando la adversidad saca lo mejor de uno mismo. Nadie lo ha expresado mejor que el audaz pensador decimonónico Friedrich Nietzsche en este famoso aforismo: «Lo que no me mata me hace más fuerte». Su idea de que la adversidad tiene un valor positivo fue algo novedoso.

Al citarle a Nietzsche, sin embargo, Vinny puso los ojos en blanco y me espetó:

—Oye, listillo, que no soy tan tonto como parezco. De Nietzsche sé unas cuantas cosas: lo que es hablar, hablaba mucho, pero no es que viviera como Indiana Jones.

Y no le faltaba razón, ya que Nietzsche era prácticamente un ermitaño. No hay de qué extrañarse: la filosofía la crean intelectuales que rara vez se preguntan cómo aplicar sus ideas a la vida real. Cuando se te inunda el sótano, o cuando te deja tu cónyuge, no es en Nietzsche en quien piensas. En momentos así todos reaccionamos igual: «No me lo merezco».

Parecerá una reacción natural, pero lo cierto es que es una locura: te niegas a aceptar algo que ya ha pasado. No existe pérdida de tiempo mayor. Cuanto más te quejas, más te estancas. Los que se regodean así en el dolor tienen un nombre muy común: víctimas.

La víctima cree saber cómo debe funcionar el universo, y cuando el universo no la trata tal como se «merece», llega a la conclusión de que el mundo está en contra de ella, lo cual se convierte en su argumentación para rendirse y retirarse a su zona de confort, donde ya no tiene que esforzarse.

No es necesaria la filosofía para saber que esa persona ni crece ni se fortalece.

Tal como lo dice Nietzsche, parece que la adversidad en sí misma lo haga a uno más fuerte, pero no es así: solo quien progresa ante la adversidad alcanza la fuerza interior. Eso a una víctima le es imposible, porque desperdicia su energía insistiendo en que algo no debería haber pasado y no la recuperará hasta que acepte lo ocurrido, por muy doloroso que haya podido ser. Sin embargo, aceptar las cosas malas implica un trabajo.

He ahí donde interviene la inversión del deseo: circundar tu opinión sobre cómo deberían ser las cosas te proporciona una manera activa de aceptarlas como son. Difiere un poco de cuando la usas como preparación para el dolor futuro. La herramienta en sí funciona igual, pero el objetivo es un dolor que está en el pasado (aunque solo sea unos minutos). Lo que haces, a todos los efectos, es aprender a desear lo que de todos modos ya ha ocurrido.

Cuanto antes y más a menudo uses la herramienta cuando ocurra algo malo, más deprisa conseguirás recuperarte. Para algunos será la primera vez que se enfrenten a la adversidad sin sentirse víctimas. Con la inversión del deseo se hace realidad la idea de Nietzsche. Al menos sucede con las adversidades pequeñas, como los embotellamientos o que se estropee la fotocopiadora: empiezas a superar ese tipo de cosas más deprisa de lo que creías posible, y tu tolerancia a las contrariedades aumenta, pero ¿y si pasa algo horrible de verdad? Pierdes los ahorros de toda tu vida, se te muere un hijo… ¿Es posible aceptar un hecho que destruye la propia estructura de tu vida? ¿Es cuerdo, incluso?

Ha habido como mínimo una persona con autoridad para dar respuesta a esta pregunta: Viktor Frankl, un psiquiatra austríaco de mucha fama, aunque su autoridad no procedía de su currículum, sino de haber vivido lo impensable. Trabajó como esclavo en cuatro campos de exterminio nazis, en los que fueron asesinados su madre, su padre, su hermano y su mujer. Él no quiso rendirse y trabajó de médico en los campos, donde pugnó por mantener la resistencia de los presos que lo habían perdido todo, como él, incluida la razón de vivir. La respuesta a la pregunta la resumió en su libro *El hombre en busca de sentido*.

La sorprendente conclusión de Frankl es que incluso en condiciones de una dureza indescriptible (insomnio, inanición, amenaza omnipresente de la muerte…) existe la oportunidad de que aumente la fuerza interior. De hecho, era lo único que los nazis no podían quitarle al preso. En los campos, los nazis lo controlaban todo: tus pertenencias, la vida de tus seres queridos y, en última instancia, tu vida. Sin embargo, no podían despojarte del empeño de crecer por dentro durante el tiempo que te quedase.

Según Frankl, por siniestra y precaria que fuera la vida en los campos de exterminio, seguía ofreciendo «una oportunidad y un reto. De esas experiencias podías extraer una victoria, convirtiendo la vida en un triunfo interno, o bien ignorar el reto y limitarte a vegetar». Era «justo el tipo de situación externa excepcionalmente difícil que da al ser humano la oportunidad de crecer espiritualmente más allá de sí mismo». Esta fuerza interior, espiritual, es lo que explica que algunos prisioneros más endebles sobrevivieran mejor a los campos que otros físicamente más robustos.

Frankl corrobora lo que hemos observado antes: que, al margen de los objetivos que te marques en el mundo exterior, la vida te reserva los suyos propios, y si los dos proyectos están en conflicto, ganará la vida. En palabras de Frankl, «en el fondo daba igual lo que esperásemos de la vida; lo importante era lo que la vida esperaba de nosotros». Tenías que averiguar qué te pedía la vida, aunque solo fuera soportar dignamente el sufrimiento, sacrificarte por otra persona o no sucumbir a la desesperanza durante un día más, y luego estar a la altura del reto.

Este camino fomenta lo que más le falta a nuestra sociedad, tan orientada a lo exterior: la grandeza interior. Nos han programado para asociar la grandeza a las personas que lograron poder o fama en el mundo exterior, como Napoleón o Thomas Edison, y damos poco valor a una grandeza interna que puede construirse cualquiera, sea cual sea su estatus en la vida. Solo esta grandeza interna, sin embargo, puede darle sentido a nuestra vida; sin ella nuestra sociedad se convierte en un infierno sin sentido.

El culto al éxito exterior alimenta una fijación egoísta en el cumplimiento de los propios objetivos. En cambio, la grandeza interior solo se desarrolla cuando la vida imposibilita cumplir estos objetivos, que es cuando te ves abocado a una lucha personal e íntima por conciliar tus planes con los que la vida tiene para ti. Te ves obligado a ser menos egoísta, en el mejor sentido: el de dedicar tu vida a algo superior a ti. El libro de Frankl narra su victoria en las más extremas de estas circunstancias. Su auténtica grandeza fue encontrar sentido a las siniestras privaciones de un campo de esclavos, no su éxito posterior como psiquiatra.

MIEDO Y VALOR

Lo último que puede hacer por ti la inversión del deseo quizá sea lo más importante: permitir que fomentes tu valor. Siempre me ha causado extrañeza que la psicoterapia nunca haya abordado de manera directa la necesidad de ser valiente, algo que todos los pacientes que he tenido deseaban en mayor grado. Lo que ocurre es que los terapeutas lo veían como lo hemos visto todos: como una especie de poder mítico que poseen en exclusiva los héroes situados por encima del temor humano, no como un tema importante para la psicología humana.

Héroes así solo los hay en el cine. El auténtico valor se produce en seres humanos normales, gente con los mismos miedos que tenemos todos, y la mayoría de las veces sus manifestaciones de valentía son un misterio, ya que el propio protagonista no tiene ni idea de cómo lo ha hecho.

Phil no veía el valor ni como un poder mítico ni como un misterio; él lo definía de una manera práctica y humana que lo situaba al alcance de todos. El valor es la capacidad de actuar ante el miedo. Si a la mayoría de la gente le parece imposible es por cómo vivimos el miedo.

El miedo casi siempre está ligado a la imagen de algo horrible que sucede en el futuro. «Como diga lo que pienso, me despedirán.» «Si monto mi propia empresa, lo perderé todo.» Cuanto más se convierta esta imagen futura en una fijación, más nos paralizará, y no podremos actuar hasta tener la certeza de que no se producirá. Pero esa certeza es imposible.

Aunque resulte difícil admitirlo, toda nuestra cultura se basa en la mentira de que se puede estar seguro del futuro. Si vas a un buen colegio, comes buenos alimentos y compras buenas acciones, tienes el futuro garantizado. Para fomentar la valentía hay que descartar esta ilusión de certeza futura.

Si lo haces serás libre de centrarte en el presente, el único lugar donde podrás hallar la valentía necesaria para actuar. Antes de conocer a Phil yo ya había leído sobre «quedarse en el presente», pero siempre me había parecido un cliché *new age*. Solo me replanteé mi postura cuando Phil me enseñó un proceso concreto, paso a paso, para utilizar el poder del presente.

El primer paso es aprender a tener miedo sin la imagen mental del temido acontecimiento futuro. Centra toda tu conciencia en las sensaciones que produce el miedo ahora mismo, en el presente. Una vez separado de lo que temes en el futuro, el miedo se convierte en un tipo más de dolor, que procesas mediante la inversión del deseo.

La herramienta funciona exactamente igual que como ya la usaste. Puedes sustituir la palabra *dolor* por el término *miedo*, o simplemente recordar que el miedo es un tipo de dolor; en cualquiera de los dos casos la energía generada por la inversión del deseo te permitirá actuar. Con la práctica te darás cuenta de que ya no importa qué es lo que te da miedo: cualquiera de sus manifestaciones se puede tratar de la misma manera.

Si te parece una locura desear el miedo, recuerda que lo que deseas no es el hecho horrible, sino la sensación de miedo que provoca. Es una paradoja: solo al desear el miedo podrás actuar en su presencia, que es en lo que consiste ser valiente.

La valentía, sin embargo, no se puede acumular. El miedo vuelve deprisa, junto con la imagen del temido hecho futuro, y te saca del presente. Si de verdad quieres vivir con valentía, prográmate para usar la inversión del deseo en cuanto sientas miedo. Te sorprenderá descubrir que cuando se convierta en un reflejo —y ya no pienses para nada en el futuro— actuarás con un arrojo que nunca habías tenido.

Phil lo describió como la lucha por volver al presente. Permanecer en el presente no es un estado de pasividad mística, sino un proceso activo, que implica esfuerzo. El objetivo es estar lo bastante cómodo con el miedo para poder actuar. Si quieres una intrepidez sobrehumana, siempre puedes ir al cine.

PREGUNTAS MÁS HABITUALES

1. Supuestamente tengo que usar la inversión del deseo cada vez que haga algo que preferiría evitar, que piense en algo que preferiría evitar y cuando pase algo malo. ¿Cómo esperas que haga todo eso con las obligaciones que tengo ya en la vida?

Todas las herramientas que presentamos en este libro requieren mucho esfuerzo. Es probable que en algún momento te parezca excesivo. También nosotros nos sentimos a veces demasiado agobiados para usarlas.

Ten presente que toda nuestra cultura gira en torno a conseguir lo máximo posible con el mínimo esfuerzo. A ese tema le dedicaremos un capítulo entero, el 6. De momento te ayudará a entender una paradoja muy extraña sobre las herramientas: que, aunque al principio requieran energía, a largo plazo *aumentan* la que tienes; o sea, que si te parece que pedimos más de lo que ya haces es porque hemos visto el resultado: cuando usas las herramientas la vida se vuelve más fácil.

Sé franco: sin la inversión del deseo te quedas estancado en la zona de confort, con la disminución de energía que eso conlleva. Por muy difícil que te parezca usar la herramienta, cuando salgas del estado de parálisis la recompensa será diez veces mayor. Úsala y lo comprobarás.

Además, se tarda en torno a tres segundos en usar una herramienta. Si usas una de ellas veinte veces al día solo habrás añadido un minuto a tu jornada. Teniendo en cuenta los resultados increíbles que consigues, predecimos que te parecerá una ganga.

2. He seguido las instrucciones de la inversión del deseo, pero no he sentido nada.

Aprender a usar las herramientas es como cualquier aprendizaje: se tarda un tiempo en dominarlo. Tampoco esperas saber tocar el violín la primera vez que coges uno.

En nuestra sociedad exigimos resultados inmediatos, y si no los obtenemos, tendemos a desistir. Es entonces, en esos momentos en que se tienen ganas de dejarlo, cuando es más importante no rendirse. De hecho, habría que aprender a usar la inversión del deseo justo cuando más se duda de ella. No se trata de demostrar que la herramienta funciona, sino de fomentar una actitud correcta: «Cuando no obtengo resultados inmediatos, me comprometo aún más a usar la herramienta». Así tendrás un período de tiempo para convertirte en verdadero practicante de la herramienta. Si con ese grado de implicación no adquieres más poder, podrás dejar de usar la herramienta a sabiendas de que la has probado como se merecía.

3. ¿La herramienta no invita a que me pasen cosas malas?

Es la objeción más frecuente contra la inversión del deseo, pero también la más fácil de refutar. Piénsalo: ¿quién invita a que pasen cosas malas, la persona que recurre a la inversión del deseo para plantarle cara al miedo o la que es incapaz de presentarse a una reunión que cambiará su vida?

Aun así, la gente tiene miedo de que al desear una situación negativa la herramienta pueda *hacer que se pro-*

duzca. A esto lo llamamos «la objeción del sur de California», porque hunde sus raíces en el misticismo pop de la zona donde vivimos y trabajamos ambos.

Esta objeción se basa en un malentendido. La herramienta te enseña a desear el *dolor* que asocias a un hecho determinado, no el hecho en sí. Por eso las instrucciones indican que «olvides la situación y te concentres en el dolor mismo». El objetivo es darte libertad para actuar. Si hay algo clave para influir en el futuro es la propia acción valiente.

Quizá sea reconfortante creer que nuestros pensamientos pueden controlar directamente los hechos del futuro, pero lo que nosotros hemos observado es que los pacientes que piensan esto son los que más fervientemente suelen querer evitar cualquier acción.

4. Bastante he sufrido ya en mi vida. ¿Cuándo se acabará?

Es humano pensar que sabemos cuándo hemos sufrido bastante y desear un indulto de nuestros problemas, pero no es así como funciona la vida. Tu futuro puede estar lleno de cosas positivas, de grandes alegrías y una gran plenitud, pero la vida, inevitablemente, jamás te eximirá de tener que hacer frente a más dolor. Una vez que lo aceptes, tu objetivo ya no será que cese el dolor, sino aumentar tu tolerancia a este, que es justamente lo que te aportará la inversión del deseo.

Por esta vía se llega a un punto de vista mucho más positivo acerca del dolor. El dolor es la manera que tiene el universo de exigirte que sigas aprendiendo. Cuanto más dolor seas capaz de soportar, más podrás aprender. En este capítulo estás aprendiendo a PROGRESAR pese a la adversidad. Todo acontecimiento doloroso forma parte de ese programa formativo y, si no lo aceptas, no podrás llevar tu potencial hasta su pleno desarrollo. A partir del momento en que encares así la vida ya no pedirás que el dolor se acabe, pues en el fondo eso sería pedir que cesara tu educación.

5. ¿No es masoquista desear el dolor?

Depende del tipo de dolor. Existen dos: el necesario y el innecesario. Dolores necesarios son aquellos por los que hay que pasar para alcanzar los objetivos. Por ejemplo, si eres comercial, el rechazo es un dolor necesario. Innecesarios son lo que solemos tildar de masoquismo: no solo no forman parte de tu progresión, sino que su finalidad es estancarte. El masoquista se inflige dolor a sí mismo por iniciativa propia, de manera constante, siempre igual; usa la familiaridad predecible de su dolor elegido para mantenerse dentro de su zona de confort.

6. ¿Por qué debería usar la herramienta si en mi vida no siento ni dolor ni miedo?

Hemos tenido pacientes que dicen esto muy serios. A veces mienten; piensan que es una debilidad reconocer que sufren o que tienen miedo, y suele llevar tiempo convencerlos de que hay más fuerza en admitir y conquistar estas emociones que en negarlas.

Sin embargo, hay otro grupo de pacientes que no mienten: realmente no sienten dolor ni miedo. Desgraciadamente, esto sucede porque están tan enquistados en la zona de confort que no se dan cuenta de que se están perdiendo todo un mundo de posibilidades. En realidad, este tipo de personas tienen más miedo que la persona media; lo que ocurre es que resuelven su miedo negando que quieran algo más de la vida.

Nosotros intentamos hacer que identifiquen nuevos objetivos. Puede llegar a ser como sacarles una muela, pero todo el mundo es capaz de identificar algo que no tiene y que tal vez desee. Cuando les pedimos que visualicen los pasos concretos que deberían seguir para alcanzar ese objetivo siempre hay como mínimo uno que les intimida, momento en que no tienen más remedio que admitir que están evitando el dolor. Y aunque en ese instante no lo sepan, ese reconocimiento es el primer paso para su regreso al mundo de los vivos.

7. Conozco a alguien que siempre progresa, que siempre está en movimiento, pero yo no quiero ser así, porque nunca se relaja, no se para a oler las rosas.

Ese tipo de hiperactividad no es lo que nosotros entendemos por progresión, sino que, por el contrario, acostumbra a ser otra modalidad de evitación. En el fondo, la hiperactividad sirve a la gente para distraerse de sus sentimientos más profundos de miedo, fracaso o vulnerabilidad. El resultado es que nunca pueden relajarse; es como si constantemente oyeran pasos a sus espaldas y no pudieran dejar de correr.

Progresión significará algo distinto para cada persona. La inversión del deseo da fuerzas para plantar cara a lo que evitamos. Tan posible es que se trate de situaciones externas como de una emoción interna que nos incomode.

Hemos descubierto que las personas que menos evitan, descansan y se relajan mejor que las demás. Solo cuando plantas cara a lo que temes (dentro o fuera de ti) la mente puede relajarse. A estas personas les intimida menos el mundo y les satisfacen más sus propios esfuerzos; gracias a ello sufren menos nerviosismo y preocupaciones, y así, cuando llega el momento de descansar, pueden desconectar sus pensamientos; a ellos no los acosa lo que evitan.

OTROS USOS DE LA INVERSIÓN DEL DESEO

La inversión del deseo te permite ampliar tu círculo profesional y social. *Todos conocemos a personas con las que nos gustaría entablar relación pero a quienes nos da reparo acercarnos. Si eres sincero contigo mismo, te cuestionas si realmente estás a su nivel. Es más fácil relacionarse solo con quienes no constituyen ninguna amenaza. Es una forma de evitación que te impide vivir con toda la plenitud posible.*

Marilyn era una mujer de más de treinta años, atractiva y sola. Siempre la pretendían varios hombres, pero no había ninguno que la satisficiera de verdad. No obstante, su auténtico problema era su forma de ver el mundo masculino: dividía a los hombres en un grupo A y un grupo B. Los del grupo A eran los que le parecían más triunfadores y atractivos, pero con ellos no salía nunca; cuando le presentaban a alguno adoptaba una actitud distante: en el fondo aquellos hombres la intimidaban y no quería que hicieran avances. Todos los hombres con quienes sí salía eran del grupo B. Aunque se quejara de sus defectos, representaban su zona de confort. Mientras saliera con ellos no habría ninguna posibilidad de conocer a un hombre que le interesara de verdad. Tuvo que usar la inversión del deseo cada vez que estuviera en presencia de un hombre del grupo A, para hacer frente a su ansiedad. Al final logró abrirse a ellos y actuar con naturalidad.

La inversión del deseo te permite ejercer la autoridad. *Entre lo más difícil de ser un líder —estés al frente de un departamento, de toda una empresa o incluso de una familia— está el tener que tomar decisiones que puedan contrariar a otras personas. Por eso dicen que «arriba del todo se está solo». Un líder eficaz sabe tolerar el desagrado ajeno.*

Elizabeth era una profesora universitaria recién nombrada jefa de su departamento. Aunque en su campo gozara de renombre nacional, era una persona accesible y modesta. Por su carácter, trataba de manera amistosa a todo el mundo y caía bien a todos, tanto a los alumnos como a los demás profesores, e incluso al personal de limpieza. Esto, sin embargo, quería decir que su entorno laboral era una zona de confort, algo que a partir de su nombramiento como jefa ya no pudo tener continuidad. Obligada a firmar planificaciones, horarios, vacaciones, expedientes disciplinarios y demás, ya no podía ser amiga de todos; cada decisión molestaba a alguien. Se sentía tan incómoda con este nuevo papel que empezó a aplazar decisiones hasta sumir el departamento en el caos. Consciente de que la única manera de no quedarse sin trabajo era obligarse a tomar decisiones impopulares, empezó a recurrir a la inversión del deseo para resolver el dolor de no caer bien a todo el mundo y logró dejar de ser la amiga de todos para convertirse en una líder eficaz.

Elizabeth acabó por darse cuenta de que todas las relaciones comportan cuestiones de liderazgo y de que en muchos casos las personas que la rodeaban tenían tanta necesidad de ella como líder como de ella como amiga. De resultas de ello, todas sus relaciones mejoraron. Verla tan clara y centrada en sus decisiones fue del agrado de amigos y colegas que la conocían desde hacía años, lo cual le otorgó una seguridad que nunca había sentido. Incluso mejoró como madre: era capaz de poner límites a su hija adolescente y, para alivio de ambas, sus relaciones ganaron en sinceridad.

La inversión del deseo supera las fobias. *Las fobias consisten en un miedo o un desagrado irracional de algo, como las arañas o los espacios cerrados. Su efecto es situar fuera de nuestro alcance determinadas partes de la vida. Incluso en sus formas más leves, las fobias pueden entorpecer nuestro funcionamiento en el trabajo y en las relaciones. La herramienta te da valor para ponerte en situaciones que tu ansiedad había colocado en zona prohibida. La vida puede abrirse de nuevo.*

Michael era un ingeniero cuyo trabajo lo obligaba a recorrer el país. Por desgracia, había contraído una fobia a los aviones que amenazaba con poner fin a su carrera. En cuanto el personal de vuelo cerraba la puerta de la cabina de pasajeros, Michael empezaba a respirar muy deprisa y se ponía en tensión. A menudo la situación desembocaba en un ataque de pánico con todas las de la ley, que lo convencía de que estaba sentenciado. En casa, el mero hecho de pensar en un vuelo lo llenaba de ansiedad anticipatoria. Usaba todas las excusas que se le ocurrían para evitar los viajes, hasta que ya no pudo seguir escondiéndoselo a su jefe. Con el paso del tiempo, gracias a un uso sistemático de la inversión del deseo cada vez que se asustaba, logró superar su fobia a los aviones. El miedo ya no podía detenerlo.

La inversión del deseo permite desarrollar capacidades para las que es necesaria una implicación disciplinada a largo plazo. *La mayor diferencia entre quienes tienen éxito y quienes fracasan en cualquier actividad es su grado de dedicación. A la mayoría de la gente le gustaría poner mucho ahínco en lo que hace, pero en la práctica la dedicación requiere un sinfín de pequeñas acciones dolorosas. Cuando alguien desconoce cómo enfrentarse a ese dolor su dedicación se viene abajo.*

Jeffrey era policía y patrullaba las calles, pero eso no era a lo que habría querido dedicarse. Antes de abandonar los estudios universitarios se había especializado en literatura y escribía bien, aunque era consciente de no haber alcanzado nunca su potencial literario. «Tengo buenas ideas, pero no estoy seguro de ser capaz de plasmarlas en palabras.» No era una cuestión de habilidad, sino de que había elegido el camino más fácil: contarles anécdotas a los otros policías en los bares después de trabajar, algo que le resultaba especialmente fácil con alcohol en las venas. Sin embargo, dar forma escrita a las mismas historias requería un nivel mucho más alto de dedicación, con sufrimiento a cada paso. Lo más doloroso era el grado de concentración necesario. La concentración exige aislarse del resto del mundo y enfocar la atención en una sola cosa, lo cual requiere un gran esfuerzo que para la mayoría de la gente es sumamente doloroso. Está claro que para Jeffrey lo era. Usando la inversión del deseo, pudo dedicar el tiempo y la energía necesarios a iniciar la trayectoria literaria que realmente deseaba.

La inversión del deseo abre nuevas perspectivas sobre la dinámica familiar que existe desde la niñez. *Prueba lo siguiente: cierra los ojos y elige algo que te acostumbraste a evitar en la infancia. ¿Cuál era exactamente el tipo de dolor que evitabas? Proyéctate en aquel niño o aquella niña y aplica a ese dolor la inversión del deseo. Imagínate de niño usando la herramienta automáticamente cada vez que tengas ganas de evitarlo, día a día, año tras año. Observa si percibes en qué se diferenciaría tu vida de la actual, pero no en las circunstancias externas, sino dentro de ti. ¿En qué medida te sientes distinto?*

Desde que Juanita era pequeña su madre expresaba decepción por cada acto de su hija que no le gustara. El miedo de Juanita a la desaprobación le impedía compartir las partes de su ser que pudieran decepcionar a su madre. Como consecuencia de ello, su madre nunca la conoció realmente. Poniendo en práctica el ejercicio que acabamos de describir comprendió que si hubiera vencido el dolor de revelarse, habría sentido que su madre la veía y la entendía y podría haber dejado de esconder partes de sí misma, lo cual, a su vez, habría permitido a su madre aceptarla y ser libre de manifestar su amor a todas las facetas de su hija.

RESUMEN DE LA INVERSIÓN DEL DESEO

Para qué sirve la herramienta

Usa la herramienta cuando tengas que hacer algo que siempre evitas. Siempre eludimos lo que nos resulta más doloroso y optamos por vivir en una zona de confort que limita mucho lo que le sacamos a la vida. La herramienta permite actuar frente al dolor y hacer que nuestra vida vuelva a entrar en movimiento.

Contra qué luchas

Evitar el dolor es un hábito muy poderoso. Cuando aplazamos algo doloroso el alivio es inmediato, mientras que el castigo —el remordimiento y la impotencia de haber desperdiciado toda una vida— no llega hasta un futuro lejano. Por eso la mayoría de la gente no puede progresar y vivir la vida a fondo.

Pies para usar la herramienta

1. Cuando tengas que hacer algo incómodo y experimentes miedo o resistencia, usa la herramienta justo antes de actuar.
2. El segundo pie es exclusivamente mental y aparece cada vez que piensas en hacer algo doloroso o difícil. Si usas la herramienta cada vez que se produzcan estos pensamientos, acumularás una fuerza que, llegado el momento, te permitirá actuar.

La herramienta en pocas palabras

1. Concéntrate en el dolor que evitas. Lo verás aparecer ante ti en forma de nube. Grita en silencio:

«¡Venga!», exigiendo el dolor; lo quieres a causa de lo mucho que vale.

2. Grita en silencio, sin dejar de moverte: «¡Me encanta el dolor!». Adéntrate en el dolor hasta que te fundas con él.
3. Siente que la nube te escupe y se cierra a tus espaldas. Di interiormente: «El dolor me libera». Al salir de la nube te sentirás impulsado hacia unos dominios de luz pura.

La fuerza superior que usas

En la progresión se expresa sin descanso la fuerza superior que impulsa la vida en todas sus formas. La única manera de establecer contacto con esa fuerza es que también tú progreses, algo para lo que, sin embargo, debes plantar cara al dolor y ser capaz de dejarlo atrás. Es lo que te permite la inversión del deseo. Una vez que la herramienta te haya conectado con la fuerza de la progresión, ya no te intimidará tanto el mundo, tendrás más energía y el futuro parecerá más esperanzador.

3

Herramienta: EL AMOR ACTIVO

Fuerza superior: la efusión

Era mi primera sesión con Amanda, una mujer de menos de treinta años, ambiciosa y bien vestida, que entró en mi consulta con el ímpetu de un ejército invasor. Tenía problemas con su novio y me exigió una solución inmediata.

—El otro día estábamos en una fiesta y… ni me miró ni habló conmigo en toda la velada; estuvo todo el rato en un rinconcito, flirteando con una chica que trabaja de dependienta en la sección de cosmética de Macy's. —Lo dijo con el ceño fruncido—. ¿En qué mundo vive para creer que se lo perdonaré? —espetó con desprecio.

Nos interrumpió una versión electrónica de «Someone Like You». Amanda sacó el móvil y dijo con brusquedad:

—Ahora no puedo hablar. Estoy reunida.

Volvió a mirarme y añadió, sin darse ni un respiro:

—Te lo voy a explicar. Ahora mismo estoy montando una empresa de diseño y confección de ropa de mujer de gama alta, y estamos en la fase crítica: si no logramos captar mucho dinero, volveré a ser camarera. —Hizo una mueca de disgusto—. Cada noche tengo una reunión con posibles patrocinadores. Blake, que es mi novio... Blake sabe que tiene que venir y que le toca hacerme quedar bien, ¡no humillarme con una jovencita!

Al profundizar en la relación con su novio me llevé muy pronto la sorpresa de que en muchos aspectos Blake era la pareja perfecta para Amanda. Era guapísimo, refinado, y «quedaba bien» en público. Además, al no formar parte del mundo de la moda —era investigador médico—, su ego no estaba involucrado en el trabajo de Amanda. No se tomaba a mal los cambios de humor y la imperiosidad de su pareja; de hecho, se adecuaba tan bien a las necesidades de Amanda que era ella quien había insistido en que vivieran juntos al poco tiempo de conocerse.

—Parece que hay muchas cosas buenas en vuestra relación —me atreví a decir.

—Pues claro. Me la he trabajado más tiempo que ninguna otra.

—Ah, ¿sí? ¿Cuánto lleváis juntos?

—Cuatro meses. —Me empecé a reír, pero de golpe me di cuenta de que no lo decía en broma. Ella replicó, a la defensiva—: En el mundo de la moda no es fácil tener pareja.

No era cuestión de mundos, sino de la propia Amanda: era inevitable que alguien que invadía mi consulta como las tropas del general Patton tuviera problemas de pareja. Ella, por desgracia, no se daba cuenta.

Procuré extremar la suavidad de mi tono.

—¿Tú crees que en tus relaciones de pareja hay alguna pauta que las haga durar tan poco tiempo?

—A mí eso de las pautas me da igual —replicó Amanda—. Una paciente tuya que es amiga mía me prometió que no perderías el tiempo hablando del pasado. Yo lo único que quiero es que me ayudes a volver a controlar a mi novio.

Hice un esfuerzo para no sonreír.

—Ayudarte te puedo ayudar, pero no controlando a nadie. Bueno, de eso ya hablaremos. ¿Por qué no me cuentas qué pasó después de la fiesta?

Resultó que al volver de la fiesta, en el coche, Amanda le soltó a Blake un rapapolvo, pero esta vez, en lugar de bajar la cabeza, él le plantó cara con educación.

—Para mí ya es un sacrificio ir a estos actos tan aburridos. Solo voy porque te gusta que esté. Por una vez que en nuestra relación me suelto de la correa y me lo paso bien, ¿me vas a regañar?

Amanda se quedó de piedra y no dijo nada durante el resto del trayecto, pero por dentro echaba chispas; no hacía más que darle vueltas a lo mal que la había tratado Blake. Era como un disco rayado: «Me lo juego todo montando una empresa para los dos en el sector con más presión que existe ¿y ni siquiera en este caso es capaz de hacerme sentir mujer?». Empezó a tener fantasías de venganza: se veía en la cama con un conocido que era modelo de *GQ* y, justo en el momento del orgasmo, Blake los descubría. Llegó a casa agotada, pero los pensamientos seguían, como si tuvieran vida propia. Se pasó la noche en vela, pensando y pensando.

Por la mañana Blake hizo lo posible por mejorar el ambiente y le llevó un desayuno sorpresa a la cama con un ramo de flores, pero Amanda no dio su brazo a torcer. No es que no le dirigiera la palabra, es que ni siquiera lo miraba. Los pensamientos de odio de la noche anterior eran igual de fuertes o más y habían incorporado una nueva letanía de imperfecciones, incluidas las más nimias, como la forma de carraspear de Blake. Todo ello empezó a tener efectos físicos en Amanda.

—Me daba dentera tenerlo cerca. No soportaba estar en la misma habitación que él.

—¿Habías tenido una reacción tan radical con algún otro novio? —le pregunté yo.

Ella levantó la vista.

—Solo cuando se lo merecían.

—Es decir, ¿con qué frecuencia?

Amanda rompió a llorar. Resultó que todas sus relaciones habían terminado así, por alguna acción del novio que la había disgustado, como la de Blake. Se encogió de hombros.

—Después de eso, ya no los puedo querer. Mi amiga lo llama «cuando ya no hay vuelta atrás».

EL LABERINTO

La reacción de Blake fue hiriente, y hasta es posible que lo hiciera a propósito, pero son cosas que pasan en todas las parejas. Si la relación es sana, se puede resolver.

El verdadero problema era la reacción de Amanda, que estaba recluida en un no perdonar que hacía imposible la reconciliación. A partir de ese momento el que deterioraba la relación no era Blake, sino ella. Ya lo había hecho muchas veces, ahuyentando incluso a los novios más complacientes.

El estado de Amanda tiene varias versiones. Ella se retraía; otros explotan, o pasan al modo de agresión, pero el problema subyacente es siempre el mismo: estar tan atrapado en la ofensa y la rabia que resulte imposible dejarlas atrás.

Todos podemos llegar a ese estado, hasta las personas que se consideran serenas y racionales; basta con el estímulo indicado. Lo puede desencadenar una persona próxima, hiriéndonos con una mirada o un tono negativo, pero también un vecino con la música a tope o las opiniones políticas de algún amigo.

A este estado lo llamamos «el laberinto». Le hemos puesto este nombre porque cuanto más te adentras en él, más difícil es escapar. La persona que te ha ofendido se convierte en tu obsesión; es como si se hubiera instalado en tu cabeza y no hubiera manera de sacarla: la insultas, discutes con ella, tramas una venganza… En este estado, la otra persona pasa a ser el carcelero que te mantiene prisionero en un laberinto hecho de pensamientos repetitivos.

Párate ahora mismo a pensar en alguien que provoque en ti este estado. Después prueba a hacer este ejercicio:

> Cierra los ojos y visualiza a la otra persona provocándote. Reacciona intensamente, como si pasara de verdad. ¿Qué piensas? ¿Cómo hace que te sientas? Observa que es un estado mental diferenciado.

Puede que tu reacción esté justificada, pero da igual. Una vez dentro del laberinto te estás perjudicando a ti mismo. En el caso de Amanda, los perjuicios para su vida personal eran palmarios: si no era capaz de superar un pequeño enfado con su novio en una fiesta, no se podía esperar que resolviera los problemas de mayor gravedad que son inevitables en cualquier relación de pareja. Por eso las suyas duraban tan poco tiempo. ¿Cómo se iba a casar o iba a tener hijos si no podía pasar de la primera pelea seria?

El laberinto, no obstante, es un peligro para todas las relaciones, no solo para el matrimonio, ya que distorsiona la visión que tenemos de la gente. Cuando estás dentro del laberinto te olvidas literalmente de todo lo bueno de la otra persona y solo puedes pensar en la ofensa que te ha infligido. Objetivamente, Amanda había conocido a pocos hombres de la calidad de Blake, pero una vez dentro del laberinto Blake ya no tenía nada bueno; hasta su forma de carraspear le daba ganas de gritar.

Era la misma pérdida de perspectiva que había estropeado algunas de sus relaciones laborales, como cuando perdió los nervios con un comprador de unos grandes almacenes de lujo interesado por su colección y él contraatacó haciéndole un pedido a su máximo competidor.

Amanda se vio sumida de inmediato en visiones angustiosas de recuento de propinas en un bar de menús. Dado que para ella volver a ser camarera era peor que la muerte, llevaba unos meses tragando sapos y dando todas las facilidades para que el comprador volviera. Una vez más, se había hecho daño a sí misma.

No es que el laberinto solo perjudique tus relaciones humanas, es que también perjudica tu propia relación con la vida. Cuando estás dentro del laberinto la vida pasa de largo.

La mayoría de las ofensas que se cometen no provocan daños duraderos; si te olvidases de que estás dolido, podrías seguir como si nada, pero no lo haces: te obsesionas con lo que te han hecho en el pasado y, de resultas de ello, das la espalda a tu futuro.

Un ejemplo muy típico es el del adulto que todavía echa la culpa a sus padres por haberle destrozado la vida. Hace tiempo que entró en el laberinto y no ha salido nunca de él; siempre tiene alguna excusa a mano para no emprender nada difícil. No puede escribir un libro porque sus padres no han reconocido nunca su talento. No quiere salir con nadie y le echa la culpa de su timidez a que su padre no le demostraba cariño.

Son ejemplos de toda una vida perjudicada por el laberinto, pero también los hay a corto plazo. Amanda era madrina de la hija de una amiga, con quien discutió por una tontería que la hizo penetrar en lo más hondo del laberinto. Como de costumbre, cortó de raíz la relación, y al cabo de unos meses se enteró de que se había perdido el primer cumpleaños de su ahijada, «algo de lo que me arrepentiré toda la vida».

Como terapeuta soy testigo del precio que se cobra el laberinto: incontables horas perdidas, grandes oportunidades desaprovechadas y una enorme cantidad de vida no vivida.

Lo más frustrante del laberinto es que ni siquiera cuando nos damos cuenta de su coste somos capaces de escaparnos de él. En eso Amanda no era una excepción: después de unas cuantas sesiones comprendió que su peor enemigo era ella misma, pero el hecho de entenderlo no la ayudó a recuperar el control de sus pensamientos. La rabia, las fantasías de venganza y la sensación de ofensa tenían su propio impulso. «Llego a un punto en que ya no soporto lo que pienso, y puedo dejar de pensarlo un segundo, pero entonces me acuerdo de cuando Blake me acusó de ser controladora y vuelvo a empezar otra vez.»

EQUIDAD

¿Por qué cuesta tanto salir del laberinto?

Nos atrapa por culpa de la expectativa, propia de cualquier ser humano, de que la vida sea justa con nosotros, una premisa infantil que llevamos en lo más profundo de nuestro ser: «Si me porto bien, el mundo se portará bien conmigo». Es curioso, porque el mundo infringe a diario esa premisa: te cortan el paso por la carretera, un cliente te trata con mala educación… Sin embargo, a pesar de lo aplastante de estas pruebas, nos aferramos a nuestras ideas infantiles.

Mientras insistas en que la vida sea justa contigo, cada vez que alguien te ofenda exigirás un contrapeso inmediato en la balanza de la justicia y te cerrarás en banda, resuelto a no ceder hasta que se produzca. Por eso el laberinto casi siempre entraña fantasías de venganza o de resarcimiento: te embarcas en un esfuerzo fútil por devolver la equidad a tu mundo.

La mayoría de las veces no somos conscientes de esta expectativa de que los demás nos traten de manera justa, pero ahí está, como trasfondo, y el resultado es que nos encontramos siempre en la entrada del laberinto, a punto de que nos devore. Basta una injusticia, la que sea; no has tenido tiempo de pensar y ya estás dentro y no puedes salir.

FUERZA SUPERIOR: LA EFUSIÓN

No es fácil renunciar a la expectativa infantil de justicia. Por lo que he visto, solo dejamos de esperarla cuando sentimos algo mayor, mejor y más poderoso que ella. Yo lo viví por primera vez de pequeño, por casualidad.

Tendría unos cinco años. Mis padres me llevaron a la nieve con mi hermana mayor, algo que al vivir en el soleado sur de California debería haberme entusiasmado, pero en el viaje de ida en coche mi padre dijo algo que me dolió. Ya no me acuerdo de qué fue, pero sí de que me metí en el laberinto. Iba sentado detrás de él, perforándole el cogote con la mirada y deseándole todas las torturas habidas y por haber; si el odio fuera inflamable, le habría explotado la cabeza.

Cuando llegamos a la nieve mi familia salió del coche en tromba, pero yo no cedí; me quedé sentado, cruzado de brazos. Mi madre intentó convencerme con buenas palabras. Mi hermana se deslizó un par de veces cuesta abajo y volvió para contarme lo divertido que era. Hasta mi padre trató de tentarme para que saliera, pero cuanto más se esforzaban por convencerme, menos daba yo mi brazo a torcer.

Al final desistieron, y fue entonces cuando ocurrió lo más curioso: miré por la ventanilla y vi un cachorrillo que andaba perdido por el aparcamiento, husmeando y tiritando. Abrí la puerta sin pensar, salí corriendo, lo cogí en brazos y me lo llevé al coche, donde no hacía frío. Me lamió la cara y todo cambió de golpe. El amor a aquel perrito indefenso y asustado fue más fuerte que yo. Sentí que mi corazón se liberaba y ensanchaba. Todo parecía tan distinto... Era como si el universo se hubiera movido bruscamente de su eje. Ya no sentía odio hacia mi padre, sino amor, y hasta ganas de ser como él, que me había enseñado a proteger a los animales. Nada quedó ya de las tercas y malhumoradas niñerías que se habían adueñado de mí. Me sentí mayor, como si valiera más que cualquier mezquindad infantil.

Salí del coche a toda prisa y llamé a mi padre, que vino hacia mí y me ayudó a buscar al dueño del perro. Luego me dijo que estaba orgullosísimo de mí. Todavía me sorprende lo súbito del cambio. Me deslicé montaña abajo entre los aplausos de mi familia, riendo y llorando al mismo tiempo. Era como si me hubiera escapado de la cárcel. Me pasé todo el camino de vuelta cantando y riendo. Hasta conseguí balbucear una especie de disculpa, propia de mis cinco años, por haber sido tan tonto.

Aunque fuera pequeño, me di cuenta de que aquel incidente no se había producido únicamente por el cariño a un cachorro. Fue la vivencia abrumadora de una fuerza superior tan poderosa que me sacó del laberinto y me hizo ir más allá de mis mezquinos sentimientos de ofensa y rabia terca. Sentí una poderosa oleada de amor por todo y todos que me dio fuerzas para superar mi orgullo herido y mi ira.

Había vivido algo que no se parecía en nada a lo que entendemos normalmente por amor. La mayoría concebimos el amor en su forma más baja, un tipo de amor que solo se siente cuando la otra persona te complace. Es lo que sientes por tu hijo cuando te sonríe con adoración, o por tu pareja cuando está especialmente atractiva; una forma de amor débil, porque es una reacción a circunstancias externas.

El truco para salir del laberinto es generar una forma de amor que no dependa de tus reacciones inmediatas. A fin de cuentas, si estás dentro del laberinto es justamente a causa de tus reacciones.

Eso fue lo que experimenté a los cinco años: algo más grande que mis reacciones personales y que yo mismo. Es el amor en su forma más elevada, una clase de amor a la que hemos puesto un nombre: la efusión.

La efusión es una fuerza infinita, espiritual, que se da sin restricciones. Es como la luz del sol, que lo ilumina todo y a todos a la vez. En el momento mismo en que sientes esta fuerza te elevas por encima de tus mezquinos sentimientos de ofensa. Ya no necesitas una reparación de quien te ofende, porque la efusión ya es una recompensa en sí misma; una recompensa que, a diferencia de la equidad, tiene valor real y te permite seguir viviendo.

No te equivoques, por favor: nutrirse de la efusión no es lo mismo que ceder o ser pasivo ante los agravios. No estamos aconsejando que te dejes maltratar. La efusión modifica tu estado *interior*, pero *exteriormente* sigues siendo libre de responder como quieras. De hecho, comprobarás que al beber de esta fuerza superior serás libre de ser *más agresivo* en caso de optar por enfrentarte con alguien. Mientras estás dentro del laberinto sigues necesitando algo de la persona que te ha hecho daño, lo cual otorga a esta última un poder de intimidación. Con la efusión, conectado a una fuerza superior, no hay nadie a quien temer.

HERRAMIENTA: EL AMOR ACTIVO

Imagínate la efusión como un enorme maremoto de pletórica energía que se ofrece al mundo. Aunque en todo momento te rodee, no podrás percibirlo hasta que también tú estés en un estado de donación. Tienes que estar sincronizado con la efusión, de la misma manera que los surfistas deben sincronizarse con la ola. Cuando das de corazón, te dejas llevar por la efusión de la misma manera que el surfista cabalga la ola.

El truco es ponerte siempre que quieras en este estado, sobre todo cuando estés tan dolido o enfadado que te parezca imposible. En esos momentos no puedes esperar pasivamente a que algo te abra el corazón, como a mí el cachorro cuando tenía cinco años. Tienes que hacer un esfuerzo consciente por generar amor inmediatamente después de que alguien te haya tratado mal. A la mayoría nos parece algo antinatural, ya que esperamos que el amor no implique esfuerzo, como los niños. Sin embargo, crecer espiritualmente consiste en entender que el verdadero amor se trabaja.

Trabajarse el amor no es algo natural para la mayoría. Necesitamos una herramienta, y si esa herramienta se llama «amor activo» es justamente porque combina ambos elementos. El trabajo que haces al usarla crea un flujo de amor en miniatura dentro de ti que te sincroniza con una ola más grande, universal, de efusión cósmica.

Usa el amor activo cada vez que alguien te incite, te enfurezca o te azuce de cualquier otra manera a entrar en el laberinto. Es una manera fiable de aprovechar la efusión. Entonces tendrás el poder de liberarte del laberinto en cualquier circunstancia y nadie podrá poner tu vida en suspenso.

Antes de intentar usar la herramienta, lee con atención en qué consiste. Tiene tres pasos.

El amor activo

Imagínate que te rodea una luz caliente y líquida cuyo amor es infinito. Sientes que el corazón se te ensancha muy por encima de tus límites, fundiéndose con ese amor. Cuando le devuelves al corazón su tamaño normal, esta energía infinita se te concentra dentro del pecho. Es una fuerza de un amor imparable, que se quiere dar.

Concéntrate en la persona que ha provocado tus iras. Si no está físicamente en tu presencia (como suele ser el caso), visualízala. Canaliza directamente hacia ella todo el amor que tienes en el pecho, sin reservarte nada. Es como vaciar del todo los pulmones.

Cuando te brote el amor del pecho, síguelo, y cuando penetre en la otra persona por el plexo solar no te limites a mirar; siente cómo entra. Así tendrás la sensación de haberte fundido por completo con la otra persona. A continuación, relájate: volverás a sentirte rodeado de un amor infinito, que te devuelve toda la energía que has entregado. Te sentirás colmado y en paz.

Cada uno de los tres pasos tiene un nombre, para que lo recuerdes mejor.

El primer paso se llama «concentración»: reúnes todo el amor que te rodea y lo concentras en el corazón, que es el único órgano capaz de encontrarlo y retenerlo.

El segundo paso se llama «transmisión»: el corazón hace las veces de conducto que transmite el amor entre un lugar superior y este mundo.

El verdadero poder de la herramienta se halla en el tercer paso, que se llama «penetración». Al sentir que el amor que transmites entra en la otra persona te embarga un sentimiento de total aceptación que solo es posible con la experiencia de la unidad. Se trata de una victoria: has aceptado plenamente la injusticia y ya eres libre de dejarla atrás. Con este nuevo poder nadie puede meterte en el laberinto. Nadie puede pararte.

Esta capacidad de liberarse de la influencia ajena es válida incluso cuando no se sabe dónde está la otra persona. El ejemplo más típico es cuando alguien te adelanta bruscamente por la carretera y no lo puedes identificar. También es válida para organizaciones enteras, como el servicio de correos o la dirección de Tráfico. Lo bonito de esta herramienta es que no hace falta saber con quién te has enfadado, sino que usas la herramienta para ti mismo. El hecho de tener que imaginar qué aspecto tiene la persona (o personas) no mengua en absoluto el poder de la herramienta. Probablemente descubras que te sale con toda naturalidad. Lo importante es tener una figura, real o imaginaria, en la que verter tu amor, que es el acto que te libera.

Ahora que conoces la herramienta, cada vez que te sientas ofendido se te presentará una disyuntiva. Si no haces nada, entrarás en el laberinto y te quedarás atrapado en el pasado. La vida pasará de largo. Si usas el amor activo, te unificarás con la efusión y podrás seguir con tu vida. El impacto inicial del mal trato recibido hace que todos nos olvidemos de la disyuntiva. El siguiente dibujo te ayudará a acordarte.

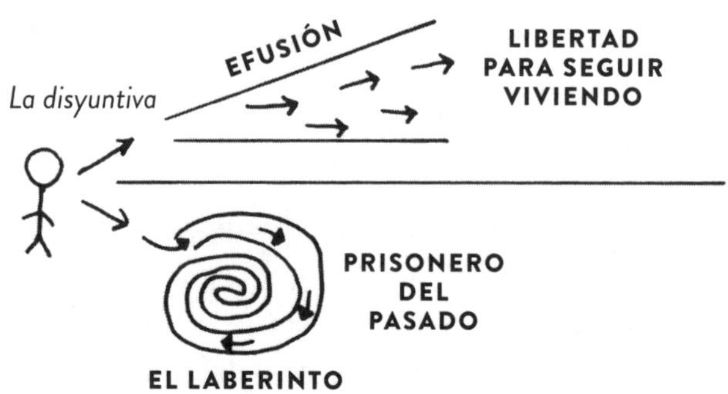

El monigote eres tú justo después de haber sido objeto de una injusticia. La flecha de abajo significa que no haces nada; eliges, en definitiva, el laberinto. La flecha de arriba significa que has elegido someterte a los tres pasos del amor activo, lo cual te une a la efusión: eres libre de avanzar hacia el futuro. Muchos pacientes visualizan esta imagen cuando se sienten heridos, a fin de recordarse que tienen elección.

CÓMO USAR EL AMOR ACTIVO

Practica ahora mismo los tres pasos: concentración, transmisión y penetración. Repítelos varias veces para poder usar la herramienta de memoria. Deberías alcanzar un punto en el que puedas ejecutar los tres pasos rápidamente pero con intensidad.

Recuerda que cada herramienta tiene sus pies. En el caso del amor activo el más evidente es cuando alguien hace algo que te enfada; puede ser cualquier cosa, desde que tu hijo no saque la basura hasta que un compañero de trabajo te robe una idea. Lo habitual es reaccionar exageradamente: o tu rabia es desproporcionada o no consigues superarlo; probablemente ambas cosas. El pie es la rabia: en cuanto la sientas, usa el amor activo y no dejes de usarlo hasta que hayas recuperado la perspectiva y puedas seguir adelante.

El segundo pie remite a un tipo de rabia menos obvio pero igual de frecuente. En este caso la causa no es nada que suceda en el presente, sino el recuerdo de algo que te hicieron hace semanas o incluso años. Si dejas que un recuerdo te introduzca en el laberinto, saldrás tan perjudicado como si respondieras a algo que acaba de ocurrir. Todos tenemos una tendencia muy marcada a rumiar sobre injusticias pasadas. Estás teniendo un día muy bueno y, de repente, sin querer, te acuerdas de alguien que te dio la espalda en una boda o de un compañero de trabajo que intentó hacerte quedar mal con el jefe. En esos momentos es cuando tienes que usar el amor activo.

Por último, el amor activo se puede usar como preparación para tratar con personas difíciles. Todos conocemos como mínimo a una o dos tan ofensivas que solo de pensar en ellas ya entramos en el laberinto. El típico personaje de comedia es la suegra, pero también puede ser tu cónyuge, tu hijo o tu jefe. Cuando prevemos un encontronazo con estas personas malgastamos mucho tiempo en preocuparnos por cómo nos amenazarán y cómo reaccionaremos nosotros. Esto, en el fondo, no nos prepara en absoluto para el encuentro en sí; solo es otra versión del laberinto.

La única manera de que te prepares de verdad para estos choques es usar el amor activo. De hecho, deberías ponerlo en práctica cada vez que pienses en estas personas; así dejarán de ocupar tanto espacio dentro de tus pensamientos. Una vez que puedas salir del laberinto por ti mismo, la otra persona ya no tendrá tanto poder sobre ti y tratarás con ella con mucha más seguridad.

Si sigues fielmente estos tres pies, comprobarás que vives con menos resentimiento y rabia, libre de las personas que siempre habían tenido la capacidad de hacerte saltar.

Debo hacerte una advertencia: no siempre es fácil convencerse a uno mismo de usar el amor activo. En los momentos de rabia e indignación lo que menos te pide el cuerpo es enviarle amor a la persona culpable de haberte puesto en ese estado. Solemos concebir el amor en contextos morales o religiosos: procuramos ser amables porque es lo «correcto», pero el concepto abstracto de «hacer lo correcto» no basta para cambiar de conducta cuando uno se siente ofendido. Amanda lo dijo así: «Si me jodes, yo también te jodo a ti. No soy Gandhi, me dedico al diseño de moda».

Yo nunca les pido a mis pacientes que usen el amor activo porque sea «lo correcto»; les digo que lo usen porque les beneficia. Les recuerdo que no les interesa, ni ahora ni nunca, vivir en un estado de rabia, y no porque esté mal, sino porque es doloroso y debilitador. La moralidad es importante, pero siempre hay momentos en que carece de fuerza para motivarnos. En esas ocasiones hay que encontrar algo que posea más fuerza como motivador: nuestro propio interés.

La otra razón de que sea difícil usar el amor activo es que la rabia es una emoción muy reactiva: el mero hecho de ver la cara de la otra persona, aunque sea en la imaginación, puede reforzar la rabia y hacer que sea imposible generar amor. Si te ocurre eso, prueba esta sencilla técnica: al usar la herramienta imagínate a la otra persona sin cara. La cara es la parte más identificable de las personas; un cuerpo sin cara puede ser de cualquiera. Adéntrate en ella con amor, no veas más que el torso y dirige la energía justo hacia el plexo solar. Así no te centrarás en la persona sino en tu tarea, que es generar efusión.

Cuando tu objetivo, en cualquier circunstancia, sea generar efusión es conveniente imaginársela como una sustancia; por ejemplo, el agua. Si trabajas en un túnel de lavado, tu obligación es remojar cada coche con la manguera, independientemente de que su dueño sea una persona estupenda o tu peor enemigo; debes rociar todos los coches de la misma manera.

Descubrirás, con todo, que es más gratificante trabajar con esta forma superior de amor que con cualquier otra sustancia. Cuando das amor acabas teniendo más del que tenías al principio. A diferencia del agua, si tu vaso está medio lleno de amor y das de beber a tu enemigo, te lo devolverá lleno. Por eso en el último paso del amor activo sientes plenitud y paz.

PREGUNTAS MÁS HABITUALES

La objeción más frecuente que oímos contra el uso de las herramientas es, con diferencia, que hay que trabajar mucho. Ya hemos hablado de ello en el primer capítulo, pero no está de más repetirlo. Somos conscientes de que cuando las tensiones te pueden, lo último que te apetece oír es que aún te queda *algo más* por hacer.

Recuerda, no obstante, que al usar las herramientas recibes como premio mucha más energía de la que has invertido. Solo hay una manera de explicarlo: las herramientas abren la puerta a fuerzas superiores y a sus energías infinitas. Es algo que el amor activo te permite vivir de manera directa: entregas toda tu energía, pero al acabar tienes más que al principio. Por eso tu vaso medio vacío regresa siempre lleno. Es una experiencia inmediata de lo infinito.

Repitamos: como seres humanos, se nos da acceso a lo infinito, pero nos lo tenemos que trabajar; no sale gratis.

He aquí algunas de las preguntas que hace la gente acerca del amor activo:

1. ¿Usar el amor activo no es dejar que la otra persona salga indemne de haberme faltado al respeto?

Cuando sentimos que se nos falta al respeto nuestra reacción natural es enfrentarnos con la otra persona. Para entonces, por desgracia, solemos estar dentro del laberinto, y encararse con alguien en estado de ira nunca inspira respeto; provoca rabia y miedo, pero no respeto. (Si lo dudas, imagínate que alguien desahoga en ti su rabia y verás qué te provoca.)

La gente es más perspicaz de lo que crees: cuando te enfrentas con alguien intuirá lo que sientes por dentro —amor u odio—, y eso le dirá el valor que das a la relación. Transmitir odio le dice que no le das ningún valor y que estás dispuesto a destruirla. Por eso tu odio despierta odio en la otra persona, incluso cuando estás en una posición de autoridad y tienes a otros bajo tu supervisión. Intimidándolos o insultándolos no estimularás su lealtad.

Los grandes comunicadores tienen fe en que la mayoría de las relaciones contienen reservas de buena voluntad, aunque de momento esta brille por su ausencia.

La única manera de activar el potencial de buena voluntad es hallarse en estado de efusión antes de enfrentarse con alguien; así envías la señal de que aún valoras vuestra relación. Cuando la otra persona se da cuenta es mucho más probable que asimile lo que dices y reaccione con respeto. Algunas veces el amor activo no funciona, pero tú no pierdes nada, porque de todos modos nunca te habrías ganado el respeto de la persona en cuestión. De hecho, a diferencia de la reacción emotiva, en caliente, que tenías en el laberinto, tendrás la seguridad de que ves al otro tal como es.

Para la mayoría de la gente el amor activo crea un nuevo modelo de confrontación. Antes de que le hayas dicho nada al otro, antes incluso de estar en su presencia, usa varias veces la herramienta hasta que sientas que entras en un estado de efusión. Entonces estarás listo para el cara a cara. Podrás ser enérgico, pero no serás provocador.

Puede parecer un poco raro usar el amor como preparativo para el enfrentamiento. Pruébalo sin prejuicios y observa qué ocurre de verdad.

2. Me niego a usar el amor activo porque se basa en una mentira. ¿No es un engaño mandarle amor a alguien a quien en realidad odias?

La psicología nos ha enseñado a pensar que hay que comunicar sinceramente todos nuestros sentimientos, porque las emociones representan «la verdad» de una situación, pero eso es una falacia. Las emociones solo representan una porción de la realidad. En el caso de

Amanda y Blake, cuando él, en la fiesta, dejó que otra mujer monopolizara su atención, Amanda lo odió con toda su alma, pero antes de la fiesta lo quería; o sea, que decir que el odio de Amanda representaba toda la verdad de su relación, la intrincada urdimbre de su vida en pareja, es una simplificación absurda. La «verdad» siempre tiene múltiples facetas.

Probablemente hayas tenido la experiencia de reflexionar sobre una pelea y sorprenderte de que algo que ahora te parece absurdo, sin la menor importancia, te alterase hasta esos extremos. En los momentos de rabia nos creemos todo tipo de cosas que parecen «verdad», pero en realidad solo reflejan lo enfadado que se está en ese momento. Expresarse o actuar a partir de esa «verdad» es una locura; ninguna relación podría sobrevivir a una «sinceridad» tan rígida y literal.

Es una pérdida de tiempo creer que conoces la verdad definitiva sobre una persona. Lo único que consigues es el gran premio de consolación que es creer que se tiene la razón. Solo hay una cosa que te puede ayudar: desarrollar la facultad de dar una forma más positiva a la relación, y eso no podrás hacerlo mientras sigas atascado en tus reacciones inmediatas. El amor activo te otorga el poder de trascenderlas.

El auténtico poder de un enfoque espiritual de la psicología es ese: enseñarte a activar fuerzas superiores que son más poderosas que tus emociones y que, sin sustituirlas, las transforman. Cuando dejes de desperdiciar energía en molestias superficiales lo importante de la vida te emocionará con más profundidad.

3. En el primer paso de la herramienta no consigo convencerme de que exista el mundo del amor. ¿Qué debo hacer?

Aunque no te des cuenta, lo que haces es resistirte a sentir el mundo del amor, y lo haces a causa de su poder. Al ego humano no le gusta experimentar nada que sea más poderoso que él.

Puedes evitarlo concentrándote en el corazón, que no tiene ninguna necesidad de magnificarse. Imagina que tienes en el corazón un intenso sentimiento de necesidad y vulnerabilidad, casi como si mendigase. Dirige tu sentimiento de necesidad hacia ese mundo del amor. Cuanto más profundamente sientas la necesidad, más realidad adquirirá el mundo del amor.

Dedicar un segundo a abrir el corazón de esta manera te preparará para utilizar la herramienta. A medida que lo practiques se te ablandará el corazón y se convertirá en un poderoso vehículo para las fuerzas superiores.

Al principio se te hará extraño seguir siendo vulnerable en una situación hostil. Supéralo poniéndote en el mismo estado cuando estés a solas. Hace falta práctica, como en cualquier habilidad. Por eso los jugadores de béisbol pasan tiempo en una jaula de bateo antes de enfrentarse a un lanzador de carne y hueso.

Cuanta más dedicación le pongas a este estado vulnerable, más poder sentirás. A la mayoría de la gente le choca, pero es porque no entienden lo que es el auténtico poder. El poder de verdad no procede de ti como individuo, sino del hecho de canalizar algo mayor que tú.

Cuando tienes auténtico poder no te hace falta demostrarle nada a nadie. Libre de tu propio ego, funcionas como la parte más elevada de ti mismo. Cuando te encuentras en este estado puedes inspirar las partes más elevadas de quienes te rodean. Es la única manera de resolver realmente los conflictos.

OTROS USOS DEL AMOR ACTIVO

¿Y si no eres como Amanda? ¿También puede ayudarte el amor activo?

Sí, porque, como todas las herramientas de este libro, el amor activo tiene aplicaciones mucho más amplias que las que pueda presentar un solo paciente. A continuación describo a tres pacientes distintos a Amanda que usaron el amor activo en diferentes situaciones. En todos los casos les permitió desarrollar una fuerza que antes no tenían.

El amor activo fomenta el autocontrol. *No hay nada más destructivo, para ti y para tu entorno, que el mal genio incontrolable. La única manera de dominarlo es tener una herramienta que funcione bien en el momento mismo, desactivando la bomba antes de que estalle.*

Las explosiones de Ray se producían mayoritariamente en sitios públicos. Si alguien lo empujaba en la acera, o si un coche le cortaba el paso, se encendía. Y como carecía de otra definición de la virilidad, si se sentía insultado se enzarzaba en una pelea sin pensárselo. A los cuarenta años todavía se pegaba con desconocidos en la calle. El momento decisivo para su problema fue cuando dos chavales frenaron el coche delante del suyo y no le dejaron salir a la carretera. Después aceleraron riendo, pero él los persiguió durante varios kilómetros, dándoles golpes por detrás. Al final se desviaron y, cuando Ray fue tras ellos, salieron del coche con bates. El episodio fue un punto de inflexión para Ray. «Me di cuenta de que ya estaba viejo para hacerme respetar a la fuerza ante cualquier gamberrillo.»

Su problema no podía solucionarse pensando. Ray necesitaba una herramienta que funcionase en el momento mismo en el que se sintiera provocado. Yo le enseñé a usar el amor activo en esas ocasiones, y no solo le permitió controlarse, sino que tuvo efectos más profundos: aprendió lo que era la hombría de verdad. «Cada vez que no pierdo los nervios me respeto más a mí mismo. Los gamberros pueden pensar lo que quieran.»

El amor activo te hace ser más enérgico. *No hay nada más frustrante que enfadarse con alguien y sentirse incapaz de expresarlo. Cuanta más rabia se acumula, más peligroso parece el enfrentamiento. Con una herramienta que diluya la ira ya no será peligroso imponerse.*

Marcy llevaba veinte años trabajando en el departamento de facturación de un bufete de abogados a cuyo frente estaba Al, un contable veinte años mayor que ella. Marcy no tenía estudios, pero era la empleada más lista y de más confianza de Al. Este siempre recurría a ella cuando tenía algún problema, pero el resto del tiempo la trataba de manera brusca y despectiva. Marcy era demasiado pasiva para protestar. Sin embargo, al cabo de tres años sin que le subieran el sueldo rabiaba por dentro, y fantaseaba constantemente sobre el día en que pondría a Al en su sitio. El resultado era que su jefe la intimidaba aún más.

Yo le pedí que usara el amor activo siempre que estuviera en presencia de Al, y de resultas de ello, para su sorpresa, la imagen que tenía de su jefe se hizo menos amenazadora, más humana. Al final llegó a un punto en que ya era capaz de plantarle cara, y en un estado de efusión logró dirigirle unas palabras con calma y respeto a sí misma. Consiguió el aumento de sueldo que se merecía.

El amor activo enseña a aceptar a los demás tal como son. *Todas las personas de tu vida son imperfectas, bien por algo que hayan hecho en el pasado, bien por algo que no puedan cambiar en el presente. La fijación por estas cosas destruye las relaciones. Necesitas una herramienta que te permita aceptar a los demás con sus defectos.*

Mark quería casarse con su novia, pero era incapaz de asumir su pasado o, mejor dicho, una parte muy breve de su pasado: mucho antes de conocerla, ella había tenido una relación con un aspirante a estrella del rock. Entonces tenía veintitrés años y muy poca experiencia en la vida y le parecía un tío guay. Él la arrastró a su estilo de vida: sexo, drogas y *rock and roll*. A los seis meses, harta, lo dejó. Pero a Mark no se le iba de la cabeza; le ofendía que su novia se hubiera acostado con alguien con fama de donjuán y, sobre todo, que hubieran consumido drogas juntos. Creía que esa experiencia la había contaminado, como si tuviera una mancha imposible de limpiar. Bastaba una llamada telefónica de alguien que conociera a su exnovio, una vieja foto o una simple canción para desencadenar su obsesión de tipo laberinto sobre lo que habían hecho juntos. Entonces la imaginación se desbocaba y empezaba a interrogar taimadamente a su novia sobre la relación, para ver si se le escapaba alguna incoherencia. Lo que le molestaba de verdad era que lo ocurrido, fuera lo que fuese, era irrevocable. Era imposible recuperar la pureza de su novia.

Su única alternativa era aprender a aceptarla. Cada vez que su obsesión se reavivaba usaba el amor activo, que lo hacía menos prisionero del pasado. De ese modo aprendió a confiar en ella tal como era, la persona real en la que se había convertido.

RESUMEN DEL AMOR ACTIVO

Para qué sirve la herramienta

Cuando una persona te enfurece y no te la puedes quitar de la cabeza puedes revivir mentalmente lo que te hizo o tener fantasías de venganza. Entrarás entonces en el laberinto, que deja tu vida en suspenso mientras el mundo sigue adelante sin ti.

Contra qué luchas

Contra la idea infantil de que la gente te trate «justamente». Te niegas a seguir viviendo hasta que se haya hecho justicia, y como esto último rara vez ocurre, no sales de la trampa.

Pies para usar la herramienta

1. Usa el amor activo en cuanto alguien haga algo que te enfade.
2. Úsalo cuando sientas que revives una injusticia, sea del pasado reciente o lejano.
3. Úsalo como preparativo para enfrentarte con una persona difícil.

La herramienta en pocas palabras

1. Concentración: sientes que el corazón se te ensancha hasta abarcar el mundo de infinito amor que te rodea. Cuando este recupera su tamaño normal todo ese amor se concentra en el pecho.
2. Transmisión: concéntrate en la otra persona y mándale todo el amor que tienes en el pecho, sin guardarte nada.

3. Penetración: cuando el amor entre en la otra persona, siéntelo entrar y fúndete en uno con ella. A continuación, si te relajas, sentirás que toda la energía que has dado vuelve a ti.

La fuerza superior que usas

El amor activo crea efusión. La efusión es la fuerza que lo acepta todo como es. Gracias a ello, tu sentimiento de injusticia se diluye y puedes dar sin reservas. Una vez en ese estado, nada puede hacer ya que te retraigas. Eres el principal beneficiario; te vuelves imparable.

4

Herramienta: LA AUTORIDAD INTERIOR

Fuerza superior: la fuerza de la expresión personal

Al hijo de una de mis pacientes acababan de aceptarlo en un equipo de fútbol de élite, lo cual era una gran noticia en el barrio del oeste de Los Ángeles donde vivía. Mi paciente, Jennifer, era una fervorosa seguidora de la carrera deportiva de su hijo. Ella, que de costumbre era una persona vacilante e insegura, esta vez hizo todo lo que se le ocurría para influir en la decisión del entrenador: hablar varias veces con él, intercambiar correos electrónicos con un periodista deportivo de la zona y abordar a todas las personas que pudieran tener voz y voto en la decisión, todo por el privilegio de viajar en coche a zonas ignotas del sur de California para sentarse bajo un sol abrasador y asistir a un partido cuyas complejidades se le escapaban. Su hijo tenía diez años.

Jennifer había crecido en una pequeña población rural y era la primera de su familia que había acabado los estudios de secundaria. En cuanto pudo se escapó a la gran ciudad y aprovechó su belleza para conseguir un trabajo de modelo. Interiormente, sin embargo, no se escapó del todo; pese a gozar de cierto éxito, no conseguía desprenderse de la sensación de que los vecinos de su barrio —gente bien posicionada— eran mejores que ella: más inteligentes, más sofisticados, más seguros de sí mismos... En su imaginación formaban parte de un grupo al que ella jamás podría pertenecer.

Estaba resuelta a que su hijo nunca se sintiera excluido como se había sentido ella. Él iría a la universidad, a diferencia de su madre, y no a una universidad cualquiera, sino a una institución de primera, de la Ivy League, a poder ser. El fútbol solo era el primer paso en esta cruzada para tomar por asalto los bastiones de la legitimidad. De ahí pasaría a una escuela preparatoria, una universidad selecta, *et voilà*: lo admitirían en el grupo de los elegidos.

Al padre de Jennifer, que seguía viviendo en la misma población rural donde ella se había criado, le ofendía el plan de su hija, que a su juicio apestaba a elitismo.

—Mi nieto acabará bebiendo vino blanco en vez de Budweiser.

—Mientras sea vino blanco caro... —fue la respuesta de Jennifer.

Huelga decir que el día en que el entrenador llamó para comunicar su aceptación, Jennifer no cupo en sí de alegría. Sin embargo, le duró poco: se sintió una intrusa desde el primer día de entrenamientos. Muchos de los otros niños eran hijos de abogados y empresarios de éxito, mientras que el suyo lo era de un fracasado que la había abandonado al saber que estaba embarazada.

Los otros padres instruían a sus hijos en sutilezas como la ley de la ventaja, los penaltis y las reglas del fuera de juego, mientras que Jennifer apenas se acordaba de para qué servían las tarjetas amarillas y rojas.

Ahora bien, lo peor eran las madres: al llegar al entrenamiento, Jennifer se las encontraba en corro, hablando en voz baja, y a veces las sorprendía lanzándole miradas raras. Ni una sola vez le hicieron sitio para que se sentara con ellas.

—Nunca me aceptarán. Creen que soy morralla.

—¿Cómo sabes lo que piensan? —le pregunté yo—. ¿Has hablado alguna vez con ellas?

La animé a dar el primer paso. La semana siguiente había una reunión de padres para organizar el transporte a los siguientes partidos. Jennifer venció su reticencia a asistir. Asistió sola, como siempre, y no le fue nada bien.

—Quise presentarme, pero cada vez que me acercaba a alguien me quedaba como paralizada... Se me secaba la boca y me temblaba la voz. Parecía una loca. Me fui lo más deprisa que pude.

Todos tenemos momentos así, en los que deseamos dar buena impresión pero el cerebro y el cuerpo nos traicionan. Es lo que llamamos momentos de «parálisis». Los síntomas de Jennifer eran los típicos: boca seca, temblores y bloqueo mental, que es la incapacidad de recordar información e incluso de formar frases coherentes. A veces la gente pierde la percepción precisa de su cuerpo y tira cosas o tropieza sin querer con los demás. Los momentos de parálisis pueden ser desde leves, cuando experimentas una rigidez incómoda, hasta extremos, en que literalmente no puedes moverte ni hablar, como un ciervo ante los faros de un coche.

Todos hemos vivido algún tipo de parálisis. Suele pensarse que ocurre frente a grandes grupos, pero a menudo puede ser una sola persona quien te paralice; por ejemplo, tu jefe o tu suegra. En este capítulo, cuando usamos la palabra *público* no nos referimos necesariamente a un grupo de personas; una sola persona puede cumplir los requisitos. Lo único que significa *público* es alguien cuya opinión sobre ti tiene importancia en un momento dado.

También suele pensarse que nos paralizamos a causa de la situación en sí, como puede ser conocer a alguien que nos intimida o hablar para mucha gente, pero la causa real de la parálisis es la inseguridad interna, de la que es posible que no seamos conscientes hasta que perdemos de golpe la capacidad de expresarnos.

Veamos cómo funciona en tu vida:

> Cierra los ojos e imagínate que tienes delante a una persona o un grupo que te provocan inseguridad. Concéntrate en tu cuerpo. Identifica cualquier síntoma de parálisis de los que hemos mencionado. ¿Qué pasa si intentas expresarte ante esos síntomas?

Si eres como la mayoría de la gente, te resultará violento e incómodo, pero si el único precio que pagaras por tu inseguridad fuera sentirte un poco incómodo, no importaría demasiado. Por desgracia, la inseguridad sale mucho más cara.

EL PRECIO DE LA INSEGURIDAD

La inseguridad destruye la capacidad de establecer contacto con otras personas. Con el paso del tiempo te vuelve rígido y poco interesante para los demás y, paradójicamente, también te cierras. Las personas inseguras están tan obsesionadas con la percepción que se tiene de ellas que casi no dan nada de sí mismas, y de resultas de ello se sienten aún más alienadas.

El caso de Jennifer es un ejemplo perfecto. Después de la reunión de padres ya no tuvo ninguna duda de que todos la despreciaban. Los entrenamientos empezaron a ser una tortura; ahora, en su imaginación, era *persona non grata*. Subía a la soledad de su asiento en la última grada como un preso de camino a la silla eléctrica, apartando la vista y con el corazón a cien. Se obsesionó con toda una serie de planes para conseguir que los otros padres la aceptaran, y una semana anunció triunfalmente:

—He encontrado la respuesta. ¡Es por mi acento! Aún se me nota un poco el acento nasal del campo. Ya he pedido hora con un logopeda.

Por suerte, el destino intervino antes de que desperdiciase mucho tiempo y dinero: el equipo reservó un autocar para el primer partido fuera de casa, y mientras su hijo, al fondo, parloteaba alegremente con sus amigos, Jennifer tuvo la valentía de inclinarse y entablar conversación con unas cuantas madres que estaban sentadas delante de ella. Al principio parecían recelosas, pero después tomaron confianza y le confesaron la verdad: en todos los entrenamientos veían pasar por su lado, con aplomo, a una modelo de proporciones perfectas, con vestidos de una talla imposible para ellas y que nunca se dignaba saludarlas.

—¡Te veíamos tan estirada y con tan poco interés en nosotras…!

La reunión de padres solo había servido para empeorar las cosas. A duras penas habían conseguido que sus maridos dejasen de hablar de aquella madre soltera tan sexi que había desaparecido misteriosamente en mitad de la velada. Algunas estaban tan desquiciadas que habían recurrido a los servicios de un entrenador personal. Cuando Jennifer reconoció haber ido al logopeda, se rieron.

A Jennifer le incomodó tener que admitir hasta qué punto era distorsionada su perspectiva. Veía a los otros padres como una raza superior, diferenciada; seres que, además de dominar los infinitos matices del fútbol, criaban hijos seguros de sí mismos y bien educados en el seno de familias intachables y exentas de problemas económicos.

—Ahora me doy cuenta de lo absurdo que era. La mayoría de ellos tienen vidas desastrosas.

Lo más importante es que se dio cuenta de que se había vuelto una obsesa de sí misma, por no decir una persona cerrada.

—La verdad es que estuve antipática —reconoció.

A consecuencia de ello, los otros padres estaban inseguros en su presencia; les parecía una devorahombres guapa, capaz de conseguir lo que quisiera y de dejar un rastro de familias rotas tras de sí.

La inseguridad se extendió por este grupo de adultos maduros y racionales como una infección oportunista.

Ambas partes se equivocaban por completo respecto a la otra, y hasta el momento de entrar en contacto no tuvieron una visión clara de la realidad. Si Jennifer hubiera hecho caso a su inseguridad, todo un grupo de familias habría permanecido ajeno a su vida y a la de su hijo.

El contacto con los demás también es un ingrediente básico del éxito. Las oportunidades más importantes de la vida proceden de otras personas. Estaría muy bien que se otorgasen en función del mérito, como recompensa al talento o al esfuerzo, pero el mundo no funciona así. La gente te da oportunidades porque se siente en contacto contigo. Yo conozco un ejemplo muy extremo: mi mejor amigo es un físico teórico de reputación mundial que da clases en una universidad importante y es miembro de la prestigiosa National Academy of Sciences. Tiene una colega muy superior a él en intelecto, pero a quien nunca han propuesto para la academia. ¿Por qué? Pues porque sus inseguridades la hacen ser competitiva, celosa y difícil como compañera de trabajo, lo cual ha limitado su ascenso profesional pese a la superioridad de su talento.

También Jennifer tenía problemas para conectar con la gente, pero en su caso la razón no era tan obvia. Antes de que nos conociéramos había intentado pasar de ser modelo a ser actriz y había llamado rápidamente la atención de un buscador de talentos, pero las pruebas eran harina de otro costal. Lo más importante de una prueba es conectar con las personas que están en la sala. Jennifer memorizaba perfectamente sus diálogos, pero sus interpretaciones eran tan forzadas que aburría a quienes la miraban. Tras la enésima negativa, su agente prescindió de ella.

—Trabajas mucho y físicamente eres perfecta —dijo—, pero en las pruebas te conviertes en un robot. Es posible que te fuera bien ir al psicólogo.

Aún no estaba preparada para eso. Pensando que podría vencer ella sola su inseguridad, inició una campaña que guardaba semejanza con la que acabó con su hijo en el equipo de fútbol: se buscó un profesor de interpretación, puso todas sus aspiraciones por escrito y se visualizó ganando un Óscar. Sin embargo, esta guerra sin cuartel contra la inseguridad solo consiguió que se sintiese mejor durante un tiempo. Los sentimientos negativos («no le caes bien a nadie») tardaron poco en regresar, y lo hicieron con la misma fuerza que antes.

Hemos visto una y mil veces lo difícil que es acabar con la inseguridad. En este caso no funcionan los hechos ni la lógica. A menudo las personas inseguras llegan a extremos increíbles para conseguir un objetivo que esperan que las haga sentirse mejor, como perder peso, sacarse una titulación superior o trabajar las veinticuatro horas por un ascenso, pero la sensación de insuficiencia siempre acaba regresando. Es como si la inseguridad tuviera vida propia.

¿Por qué es tan difícil desembarazarse de la inseguridad?

De entrada, la respuesta parecerá muy rara. Dentro de todas las personas hay un *segundo yo*, un ser vivo de quien nos avergonzamos profundamente, y de ese otro yo es imposible despojarse por mucho que nos esforcemos.

LA SOMBRA

La idea de que dentro de ti viva un segundo yo puede parecer increíble, pero sé abierto de miras y lee lo que le pasó a Jennifer.

Cuando ya era consciente de que su inseguridad era irracional, le pedí que cerrara los ojos.

—Vuelve a la reunión de padres donde te quedaste paralizada y recrea todas tus sensaciones.

Ella asintió con la cabeza.

—Ahora, proyéctalas fuera de ti y ponles cara y cuerpo. Esta figura es la encarnación de todo lo que te provoca inseguridad. —Hice una pausa—. Cuando estés preparada, cuéntame qué ves.

Se produjo un largo silencio. Jennifer se estremeció de golpe y abrió los ojos parpadeando.

—Uf —dijo con una mueca—. He visto a una niña de trece o catorce años, gorda y sucia. Tenía la cara blancucha y llena de granos... Una perdedora.

Jennifer acababa de ver a su sombra.

La sombra es todo lo que no queremos ser pero tememos ser, representado en una sola imagen. Se llama sombra porque nos sigue a todas partes.

El gran psiquiatra suizo Carl Jung fue el primero en decir que todos tenemos una sombra, independientemente de nuestros éxitos, nuestro talento o nuestro aspecto físico. La sombra es uno de los muchos arquetipos con los que nacemos. Los arquetipos son pautas en la percepción del mundo. Todos, por ejemplo, nacemos con una idea de cómo tiene que ser una madre. A esto Jung lo llamaba la «madre arquetípica». No debemos confundirla con nuestra madre real, biológica, pero está claro que influye en lo que esperamos de ella. Existen muchos arquetipos: madre, padre, Dios, diablo..., y todos influyen profundamente en nuestra manera de percibir el mundo.

Hay un aspecto en el que la sombra se diferencia del resto de los arquetipos: los otros influyen en tu manera de ver el mundo, mientras que la sombra determina tu manera de verte a ti mismo. Tomemos, por ejemplo, el caso de Jennifer: para los demás era una modelo guapa, de proporciones perfectas y con un pelo y un maquillaje irreprochables, pero para ella misma era un bicho raro, una marginada de la sociedad. Es normal que se sintiera insegura.

Ahora ya puedes entender por qué es tan difícil despojarse de la inseguridad. Es posible eliminar un defecto específico (ya hacía tiempo que Jennifer no tenía acné ni los kilos de más de su adolescencia), pero no la propia sombra, que forma parte de la condición humana.

Veamos el aspecto de tu sombra:

> Vuelve a la sensación que tuviste en el último ejercicio: estás frente a un grupo de gente que te provoca inseguridad y vergüenza. Concéntrate en las emociones que genera en ti. Ahora proyecta fuera de ti esas emociones e imagina que forman un ser con cara y cuerpo.

Acabas de ver a tu sombra. Memoriza bien su aspecto. No te preocupes de si es la imagen «correcta», porque no hay ninguna que lo sea; todas las sombras son distintas entre sí. Independientemente de su aspecto, debería tener características que te resulten inquietantes, como en el caso del guapo seductor cuya sombra era un gnomo desgarbado. Puede provocar tristeza, como a la directora general de una compañía de la lista Fortune 500 cuya sombra tenía el aspecto de una niña de ocho años, solitaria y llorosa. También podría ser repelente, fea o tonta. Es posible que su aspecto cambie a medida que trabajas con ella.

La sombra es el origen de uno de los conflictos humanos más básicos. Todos queremos sentir que tenemos valor como individuos, pero al mirarnos por dentro vemos a la sombra y nos avergonzamos de ella. Nuestra reacción inmediata es darle la espalda y buscar pruebas externas de nuestro valor, cosa que hacemos persiguiendo el beneplácito y el visto bueno de los demás.

Si tienes alguna duda de lo extendida que está esta búsqueda de atención, fíjate en cómo veneramos la fama: nos parece que por haber obtenido un reconocimiento mundial los famosos tienen que ser felices y estar seguros de sí mismos. Pese a curas reiteradas de desintoxicación, parejas rotas y bochornos públicos, persistimos en creer que el mero hecho de ser el centro de atención les aporta ese sentimiento de valía que tanto ansiamos.

La industria publicitaria gasta miles de millones de dólares al año para sacar partido de nuestra necesidad de aceptación. Cualquier anuncio se reduce a un mensaje sencillo: si compras nuestro producto, te aceptarán, te querrán y formarás parte de los elegidos; si no, te quedas solo… con tu sombra. De ese modo se refuerza nuestra convicción de que es posible adquirir autoestima de la misma manera que nos compramos una casa o un coche.

El problema es que ni siquiera el grado más alto de aprobación ajena puede hacer que te sientas valioso, porque ni siquiera el grado más alto de beneplácito puede eliminar a tu sombra. Siempre que estés a solas y te mires por dentro te la encontrarás y te hará sentir vergüenza e inferioridad. Phil y yo hemos visto a pacientes famosos que reciben una lluvia constante de aplausos y lisonjas en la prensa, pero esa adoración no mejora su autoestima, sino que los vuelve frágiles y los infantiliza. Pasan a depender de la atención de los demás como un bebé depende de su chupete.

Más allá de lo famoso que seas tú, al ansiar la aprobación de los demás les confieres poder sobre tu persona, con lo cual se convierten en figuras de autoridad que definen tu valor. Como un emperador romano, levantan o bajan el pulgar: un veredicto inapelable sobre tu valía. Es normal que en su presencia te quedes paralizado.

En el dibujo siguiente puedes ver cómo funciona.

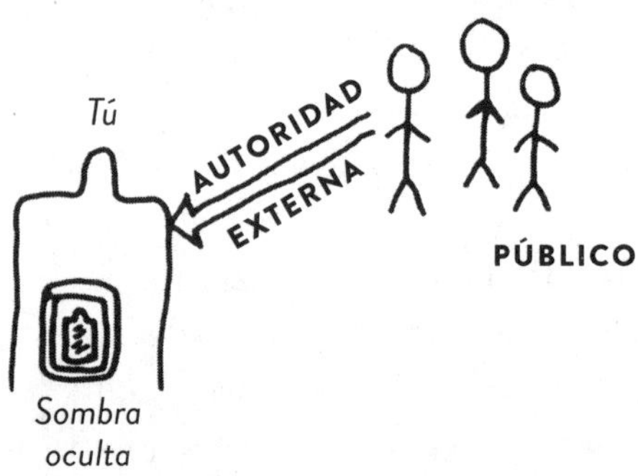

ESTADO DE PARÁLISIS

La imagen esquematiza la situación de una persona que tiende a quedarse paralizada (es decir, casi todo el mundo). Esta persona se avergüenza de su sombra y hace todo lo posible por esconderla en su interior. Es lo que ilustra el recuadro en torno a la figura sombreada, donde se lee «Sombra oculta». Las figuras del público de la parte superior derecha son grandes porque la persona las percibe como dotadas del poder de definir su valor; un poder que llega a ella a través de las flechas que indican «Autoridad externa». Como esconde su sombra, la persona se queda paralizada.

Como deja claro el dibujo, buscar hacia fuera es tan inútil como mirar hacia dentro, ya que en ambos casos tiende a hurtársenos el verdadero sentimiento de autoestima.

Existe una manera de encontrarlo y está ligada a un profundo secreto: lo que parece una sombra débil e inferior es en realidad el vehículo de una fuerza superior, y lo único capaz de darnos una autoestima duradera es esa fuerza superior.

¿Qué clase de fuerza superior optaría por manifestarse a través de una parte de nuestro ser que despreciamos? La mejor manera de entender su naturaleza es por medio de las experiencias que ya hayas tenido con ella; experiencias que probablemente hayas descartado u olvidado porque se produjeron en la infancia.

FUERZA SUPERIOR: LA EXPRESIÓN PERSONAL

Observa a los niños pequeños, sobre todo cuando juegan: no están cohibidos ni inseguros. Se expresan con libertad y exuberancia. Casi nunca se quedan paralizados.

Esto sucede porque están llenos de una fuerza superior que se llama «fuerza de la expresión personal» y que posee una virtud mágica: hace que nos revelemos de manera veraz y auténtica, sin que nos importe la reacción de los demás. A consecuencia de ello, cuando entras en contacto con esta fuerza hablas con una intensidad y una claridad insólitas.

Todos hemos percibido esta fuerza en algún momento de nuestra vida adulta. Puede haber sido en una discusión exaltada sobre algo a lo que dábamos una importancia personal o al consolar a un amigo que pasaba por un mal momento, o incluso al inventarnos un cuento para acostar a los niños. En estos casos, y en otros miles, te perdiste en la experiencia y dejaste que la fuerza de la expresión personal hablase a través de ti. Te convertiste en el vehículo de algo más sabio y fluido que tu yo normal. Es una experiencia que genera alivio y alegría.

La fuerza de la expresión personal no surge solo en la palabra hablada. Cualquier actividad humana comporta cierto grado de expresión personal; por ejemplo, la escritura. Uno de nuestros pacientes lo describió así: «Al acabar mi guion tuve la sensación de que el autor no era yo. No soy tan bueno. Era como si me lo hubieran dictado y yo me hubiera limitado a transcribirlo».

Funciona incluso sin palabras. Cuando los deportistas dicen que están «en la zona» lo que les ocurre es que están conectados a la fuerza de la expresión personal. Fíjate en cuando un gran jugador de baloncesto hace un movimiento imposible. No se pregunta qué carril está abierto, ni cuánto mide el defensa; ha dejado de pensar y se ha puesto a disposición de la fuerza superior. De hecho, cualquier actividad humana puede abrir un espacio en el que se manifieste dicha fuerza.

Cuando estás conectado a la fuerza de la expresión personal habla una parte de ti que suele estar callada. Hablas desde tu yo más profundo e interior, un yo interior con una autoridad propia que no depende de la aprobación de los demás. Los niños, por naturaleza, hablan y actúan en armonía con este yo interior; por eso son capaces de expresarse con tanto desenfreno.

Al hacernos mayores, sin embargo, nos apartamos de este yo interior y toda nuestra atención y actividad se enfocan en el mundo externo. Empezamos a buscar la aprobación en este último, y al llegar a la adolescencia anhelamos la aceptación de nuestros iguales como si fuera el Santo Grial.

Se crea así un nuevo problema: el de tener que esconder cualquier aspecto de nuestra persona que pueda desagradar a los demás, y lo increíble es que el escondite se convierte en nuestro propio ser interno. Lo usamos como una bolsa de basura donde echamos cualquier cosa inaceptable de nuestro ser. El yo interno sigue estando donde siempre, pero sepultado bajo nuestras peores características.

Durante ese proceso convertimos algo que era bonito (el yo interior) en algo que despreciamos: la sombra. Aunque parezca lo peor de nosotros, en realidad es la puerta al yo interior, y solo podremos expresarnos de verdad cuando esté abierta.

Pero eso, cuando llevas toda la vida escondiendo a tu sombra, no es fácil; se necesita una herramienta poderosa.

HERRAMIENTA: LA AUTORIDAD INTERIOR

Entre esta herramienta y las dos que ya has aprendido existe una gran diferencia. La inversión del deseo y el amor activo invocan fuerzas superiores que son independientes de los obstáculos que vencen. En la herramienta que estás a punto de aprender, por el contrario, la fuerza superior surge del propio obstáculo. La herramienta convierte a la sombra en el vehículo de una fuerza superior: la fuerza de la expresión personal.

Antes de explicar cómo funciona tienes que entender cómo descubrió Phil la herramienta:

Había decidido presentar en un seminario algunos de los nuevos conceptos en los que estaba trabajando, y la idea me ponía nervioso. Hablar con todo un grupo de desconocidos en un entorno formal da mucho más miedo que una sesión de tú a tú con un paciente en la comodidad de la consulta. Tenía visiones terroríficas en las que me quedaba paralizado, en blanco, y hasta mudo. Para evitar la humillación me apunté en tarjetitas hasta la última palabra, solo por si me quedaba en blanco.

El resultado fue un desastre.

Aferrado a mis tarjetas como a un clavo ardiendo, me presenté muy tieso ante el público y empecé a leer monótonamente lo que había escrito, al tiempo que les lanzaba miradas compulsivas para hacerme una idea de lo que pensaban. La reacción no pudo ser peor: les daba pena. Tuve ganas de arrojarme a un agujero muy profundo, pero no tenía ninguno a mano.

Después de dos horas de tortura, hubo un descanso. El público formó pequeños grupos que hablaban en voz baja, como en un entierro. Se sentían demasiado violentos para acercarse a mí. Yo estaba sentado en el estrado, con la sensación de ser radiactivo. No tenía ni idea de cómo impartir la segunda mitad del seminario.

Y justo cuando más desesperado estaba, ocurrió algo rarísimo.

Vi mentalmente una figura que se acercaba a mí. Parecía real. Era una versión más joven y flaca de mí mismo, inocente, asustada y profundamente avergonzada. Representaba el peor de mis temores: ser visto como un niño inexperto y balbuceante cuando lo que quería era que me vieran como un experto, una autoridad. A pesar de mi reacción, no desaparecía y, a pesar de su aspecto, me miraba con agresividad.

Tuve la extraña sensación de que me ofrecía su ayuda y, aunque no tuviera la menor idea de por qué, de repente me sentí fortalecido. Me levanté espontáneamente y me acerqué al público con entusiasmo. Ellos se dieron cuenta y volvieron rápidamente a sus asientos; debieron de extrañarse de verme una sonrisa de loco en la cara, que hasta entonces había sido de palo. Yo, sin saber qué hacía, aparté a un lado las tarjetas, abrí la boca y por espacio de dos horas me poseyó una fuerza que nunca había sentido. Con la improvisación más absoluta presenté apasionadamente mis ideas, y lo sorprendente es que no pensé ni una sola vez en qué diría, sino que me salía por la boca de manera espontánea. A lo largo de la presentación sentí la clara presencia de la sombra. De hecho, era como si hablásemos los dos como uno solo.

Al final me ovacionaron.

Yo siempre había tenido la intuición de que dentro de la sombra se escondía algo valioso, pero aquel día lo viví directamente. Apareció cuando menos esperanzas tenía de impresionar al público; ya no tenía que esconderla y, para mi gran sorpresa, su aparición no destruyó mi capacidad de expresarme, sino que la potenció. Me expresé con una autoridad que nunca había sentido, sin que me importase ya lo que pensara el público.

Fue una muy buena experiencia, pero en el fondo no pasó de ser una mera introducción al poder de la sombra. Como no podía confiar en que se repitiera, resolví buscar una herramienta que pudiéramos usar mis pacientes y yo para aprovechar el poder de expresión de la sombra.

Esta herramienta se llama «autoridad interior», y eso es exactamente lo que significa. No es ninguna autoridad que proceda de la aprobación de alguien de fuera, sino la autoridad que solo puede conseguirse cuando se habla desde el yo interior.

Para usar la autoridad interior tienes que ser capaz de ver una imagen de tu sombra. Ya la has visto una vez: en la parte en que hablaba de la sombra proyectaste hacia fuera tus sentimientos de inseguridad hasta que formaron un ser visible. Intenta hacer otra vez lo mismo y no te preocupes por obtener la imagen «correcta», porque de todos modos seguirá evolucionando. Lo más importante es que sientas una presencia real frente a ti. Practica haciendo aparecer la sombra hasta que te resulte fácil.

Aprenderás a usar la herramienta con la ayuda de un público imaginario. No importa que sea una sola persona o todo un grupo; tampoco importa si son desconocidos o personas de tu entorno. Lo único importante es que te incomode la idea de hablar ante ese público. Usarás la herramienta para desbloquearte, porque tienes algo que expresar.

La autoridad interior

Imagínate que tienes delante a un público de una o varias personas. Ves a un lado una imagen de la sombra, de frente a ti. Desplaza toda tu atención del público a la sombra. Siente un vínculo inquebrantable entre los dos: formáis una unidad, nada os da miedo.

La sombra y tú os giráis al mismo tiempo hacia el público y gritáis en silencio: «¡ESCUCHAD!». No es una petición, sino una orden para que escuchen lo que vais a decir. Siente la autoridad que surge cuando tú y tu sombra habláis al unísono.

Una vez que hayas usado la herramienta, deberías tener la sensación de haber abierto un espacio en el que tengas libertad para expresarte. El único requisito es que te centres en todo momento en tu conexión con la sombra. Si no te sientes liberado, repite la herramienta hasta que genere una sensación de fluidez.

La herramienta se compone de tres pasos: proyectar la imagen de la sombra, sentir un vínculo con ella y, por último, el grito silencioso. Practica los tres pasos hasta que puedas moverte por ellos con rapidez. Conviene que acaben siendo un hábito para que puedas usarlos ante otras personas y en el mismo momento de hablar.

Es posible que cuando practiques la herramienta e invoques a la sombra el aspecto de esta última sufra algún cambio, pero eso no es malo: evoluciona, como todo lo que tiene vida. Lo más importante es que su presencia forme un vínculo inquebrantable que tú percibas.

El siguiente dibujo muestra el funcionamiento de la autoridad interior.

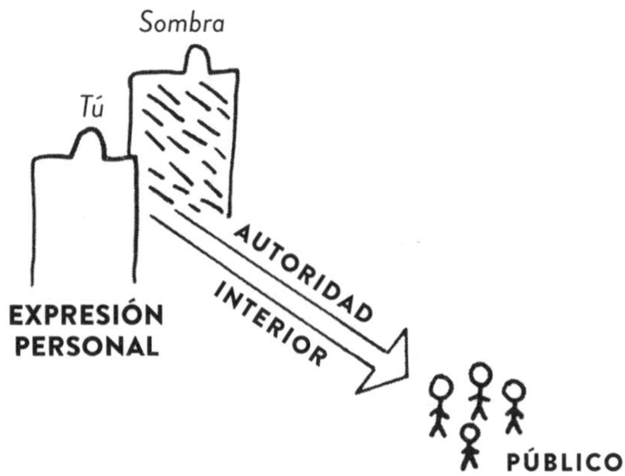

La persona del dibujo ha sacado de su escondite a la sombra, que ahora se encuentra fuera de esa persona pero vinculada a ella. Los dos invocan con una sola voz la fuerza de la expresión personal, una fuerza superior que otorga a la persona una autoridad interior representada por la flecha que se dirige al público. Las figuras que representan a este último son pequeñas y están fuera de la persona: ya no constituyen una amenaza.

Así es como la herramienta de la autoridad interior libera el poder expresivo del yo interior. Cuando ya tengas mucha práctica podrás expresarte libremente en situaciones que antes te habrían paralizado.

CUÁNDO USAR LA AUTORIDAD INTERIOR

La autoridad interior se debe usar en cualquier momento en que se sienta la presión de actuar, algo mucho más común de lo que puedas pensar si definimos *actuación* como cualquier situación en la que se está sujeto a juicios y reacciones ajenas. Puede adoptar la forma de una entrevista de trabajo, de una reunión de ventas, de una presentación o de una situación social incómoda, como una cita a ciegas o una gran fiesta. Llamar actuación a todos estos casos no significa que debas adoptar un personaje; el objetivo no es buscar la aprobación del público, sino que la herramienta se usa para vencer la presión y expresarse libremente.

Más que cualquier otra herramienta de este libro, la autoridad interior dará pocos frutos si esperas un «gran acto» (como hablar ante cientos de personas) para usarla por primera vez. Esos momentos intimidan tanto que la única manera de no bloquearse es ir preparado. Si practicas la herramienta a solas y todas las veces que sea necesario para que te salga automáticamente, tardarás poco tiempo en sentirte preparado para probarla ante otras personas. Empieza usando la herramienta cuando estés con alguien que no te ponga nervioso: alguien de la familia, un compañero de trabajo, tu mejor amigo, tu cónyuge… La mayoría sentimos cierta necesidad de aceptación incluso con esas personas.

Ya estás listo para hacer frente a situaciones que te provoquen ansiedad. Puede tratarse de un enfrentamiento o de una petición de ayuda que te incomode satisfacer. Métete intencionadamente en esas situaciones y usa la autoridad interior cuando estés sumido en ellas. Cuantas más veces lo hagas, menos te intimidarán.

Una vez que hayas convertido la autoridad interior en parte integrante de tu vida cotidiana, podrás empezar a ponerla en práctica en «grandes actos», como los discursos importantes en público. Cuando uses la autoridad interior en esas ocasiones intimidatorias pasará algo increíble: en algunos casos incluso empezarás a tener ganas de que lleguen, no por falta de tensión, sino por el entusiasmo ante la perspectiva de expresarte.

Aprender a usar la autoridad interior es como ir aumentando gradualmente las pesas que levantas en el gimnasio: requiere constancia. Sin embargo, también necesitas un pie para acordarte de cuándo usar la herramienta en tu vida cotidiana. En el caso de Jennifer se trataba del entrenamiento de fútbol, evidentemente. Al principio se iba a las gradas sin decirle nada a nadie y se limitaba a usar una y otra vez la autoridad interior, que la ayudaba a calmarse. Poco a poco fue capaz de hablar con los otros padres.

Sin embargo, ser consciente de los nervios escénicos también la ayudó a darse cuenta de que incluso en ausencia de otras personas se sentía insegura. Al pensar en una cita a ciegas inminente se dio cuenta de que estaba nerviosa y usó la autoridad interior para serenarse. Hasta empezó a utilizarla ante el espejo, por la mañana.

—Soy el público más exigente que he tenido nunca —admitía.

Junto con su sombra, Jennifer consiguió que la inseguridad que la había perseguido durante toda su vida empezara a disiparse.

No es un resultado que pueda obtenerse de golpe. En ocasiones, nada más emplear la autoridad interior te relajarás y te expresarás con una naturalidad que te extrañará, pero también habrá situaciones en las que sentirás la herramienta como algo mecánico, y otras en las que sencillamente no funcionará. No te desanimes; pasa al siguiente pie y ya está. Lo más importante que puedes hacer es seguir conectado con la sombra sin esperar una recompensa inmediata.

Nuestra necesidad de agradar a un público es una costumbre muy arraigada, y el mejor modo de romperla es sustituirla por otra más sana; es decir, usar la autoridad interior cada vez que sea posible. Si lo haces sistemáticamente, aprenderás a confiar en tu yo interior, no en las reacciones de los demás.

Todos tenemos un lugar en el que nuestra necesidad de aprobación nos inhibe, también los dos autores de este libro. Los psicoterapeutas son humanos, y de humanos es querer que nuestros pacientes respondan a nuestro talento, pero no siempre lo hacen; de hecho, a veces nos miran como si estuviéramos locos. Mentiríamos si no admitiésemos que esos momentos son un desafío directo a nuestra propia confianza, pero es justamente entonces (cuando un paciente necesita abrir su mente a un nuevo enfoque de la vida) cuando necesitamos mantener nuestro propio sentido de la autoridad.

Discutir sobre ello no transmite autoridad; solo refleja nuestra necesidad de tener razón. Lo que convence a un paciente es la profundidad y el entusiasmo con que explicamos nuestro enfoque, incluso cuando los pacientes nos cuestionan, y eso solo puede venir de la fuerza de la expresión personal; es decir, que los psicoterapeutas tenemos que usar la autoridad interior como cualquier otra persona.

LOS BENEFICIOS SECRETOS DE LA EXPRESIÓN PERSONAL

Cuando Jennifer llevaba un par de meses usando la herramienta ocurrió algo profundo. Me di cuenta porque al entrar en la consulta parecía como si flotara. En vez de clavar la vista en el suelo, me miró a los ojos: irradiaba calidez.

—He tenido un día increíble. No te lo vas a creer —dijo exaltada.

Había empezado el día nerviosa, pero esta vez no era por el entrenamiento de fútbol, sino porque tenía que enfrentarse a una prueba como actriz, la primera en varios años. Poco después se había sentado con las otras actrices en una salita y había esperado nerviosa su turno.

—En cuanto he empezado a leer mi diálogo me he dado cuenta de que me bloqueaba. Entonces he usado rápidamente la autoridad interior, dos veces seguidas, y me he calmado, pero luego he sentido algo más, como si cambiara de marcha. —Se levantó de golpe, apoderándose de mi consulta como de un escenario. Su voz tenía una musicalidad preñada de entusiasmo—. Sabes que normalmente me preocupa mucho lo que piensan los demás, ¿no? Pues ha sido como si se me hubiera olvidado preocuparme. Las frases, el personaje, mi motivación... Me ha venido todo sin esfuerzo.

Era una experiencia tan abrumadora que empezó a llorar un poco. Eso la hizo estar aún más radiante.

Y eso solo fue el principio. Después de la prueba, una amiga del comité de beneficencia del colegio de su hijo le pidió que la sustituyera en una reunión con un donante importante, porque le había surgido una emergencia.

—Me he quedado de piedra, pero no le podía decir que no: ella me ha sacado muchas veces las castañas del fuego.

Su amiga la inundó de cifras económicas, pero en cuanto le presentaron al donante, Jennifer ya no se acordaba de nada, así que usó unas cuantas veces más la autoridad interior.

—Supongo que me habré ganado de verdad la confianza de la sombra, porque ha sido todavía mejor que la prueba. Nada más abrir la boca me ha salido un tono de lo más convincente. He hablado con el corazón sobre lo agradecida que estuve cuando admitieron a mi hijo, lo fácil que le ha sido hacer amigos y su buena disposición para los estudios, y cuando he necesitado las estadísticas que mi amiga me había hecho memorizar, me han vuelto a la cabeza. —Jennifer sonreía—. El donante ha duplicado su aportación. Ahora quieren que entre en el comité de beneficencia.

Era la primera vez que Jennifer tenía un verdadero sentido del yo.

—Me he sentido yo misma más que nunca.

También había observado una extraña paradoja.

—Hablaba con mi voz, pero al mismo tiempo tenía la impresión de que otra voz hablaba a través de mí. ¿Cómo puede ser?

Ya hemos dicho que la fuerza de la expresión personal llega a través de la sombra, pero esta fuerza superior tiene algo prodigioso: habla a través de ti de una manera que es propia de ti y de nadie más. Nos da una voz diferenciada y, sin embargo, todas nuestras voces derivan de la misma fuente. Por eso parece que la verdadera expresión personal procede de otro sitio, y al mismo tiempo hace que te sientas más tú mismo.

Durante toda su vida Jennifer había vivido la expresión como algo incómodo, que amenazaba con dejar al desnudo lo que más la avergonzaba, es decir, su sombra. Ahora la situación se había invertido: expresarse era una oportunidad para llegar a ser del todo ella misma. En sus propias palabras, «supongo que si no expreso mi verdadero yo, ni siquiera podré encontrarlo».

Exacto.

De hecho, antiguamente la expresión personal se consideraba el aspecto más fundamental del cosmos. En el Génesis, Dios aparece como un ser que se expresa: dice que haya luz y se crea la luz; dice que la tierra produzca vegetación y la produce.

Por este motivo, cuando más en armonía estás con el universo es al expresarte; sientes que formas parte de él. Esto, en el caso de Jennifer, significaba no seguir poniendo en duda su valor como ser humano: ya no era una intrusa inferior que no tenía nada que decir.

También empezó a experimentar lo que significaba formar parte de una comunidad, y descubrió que los demás la respetaban y le pedían consejo. Fue la sombra lo que le permitió descubrir esta nueva influencia en los demás.

La sombra hace posibles los auténticos lazos humanos. Es la parte que todos tenemos en común. Sin ella exageramos nuestras diferencias y nos sentimos apartados de las otras personas. La única manera de que las relaciones funcionen —entre individuos, religiones o países— es usar nuestras sombras para forjar un vínculo universal; así nos colocamos en un estado en que incluso los adversarios pueden reconocer su respectiva humanidad. Es la única manera de poder gozar de la libertad de ser distintos sin renunciar a la convivencia.

Todo ello solo es posible porque la sombra habla un lenguaje común al conjunto de la humanidad, un idioma del corazón, más que de las palabras. Al tener una sombra, tú ya conoces ese lenguaje. Dos amigos pueden decirte exactamente las mismas palabras de consuelo, pero sabrás diferenciar si en uno hay empatía de verdad y en el otro desapego o impaciencia; un amigo pone el corazón y el otro no.

A este lenguaje del corazón se alude en el episodio bíblico de la torre de Babel, relato que presenta a una raza anterior a la nuestra que hablaba «un mismo lenguaje» y vivía una existencia unificada.

Su estado de unidad era un don, pero aquel antiguo pueblo lo usó para tan malos fines que se propuso erigir un monumento a su propio poder: una torre que alcanzaría el cielo. Para frustrar sus ambiciones, Dios «confundió su lenguaje, de modo que no entienda cada cual el de su prójimo [...] los desperdigó Yahveh por toda la faz de la tierra». La interpretación más habitual del episodio es que representa el origen de las distintas lenguas, pero existe un significado más profundo: ni siquiera quienes hablaban el mismo idioma se entendían entre ellos; habían perdido el lenguaje compartido del corazón.

De esta alienación somos fruto los que vivimos ahora, y nuestra vida es mucho peor por ello. Hemos perdido aquel lenguaje universal y, con él, cualquier sentido de una comunidad humana de la que nadie está excluido. Hemos perdido el sentimiento de que formamos parte del mismo equipo y de que tenemos un deber para con algo superior a nosotros. Los funcionarios ya no se sienten obligados a poner el interés público por encima de su propio interés; los abogados especializados en divorcios azuzan el conflicto para cobrar más honorarios, y los médicos se blindan con pruebas innecesarias. Nuestro discurso público ha degenerado en un campo de batalla donde todo vale y nada está prohibido, sea el patriotismo de un adversario, sea su aspecto, sea su vida privada.

Sin embargo, tenemos la oportunidad de remediarlo. El lenguaje común que nos permitiría llegar los unos a los otros sigue vivo dentro de la sombra. Esto entusiasmó a Jennifer. Por primera vez en su vida podía saber lo que significaba tener influjo en las demás personas. Como sociedad tendemos a asociar la influencia a personas importantes, con poder; como dijo Jennifer, «creía que para influir tenías que ser famoso», y eso es comprensible pero también un grave error, pues implica pasar por alto las oportunidades cotidianas y prosaicas de darnos mutuamente ánimos, de conectar y de inspirarnos unos a otros. Tú puedes usar la autoridad interior con la finalidad de convertirte en una fuerza positiva para los que te rodean, sea para fomentar la autodisciplina en tus hijos, para relacionarte con una persona mayor y sola o incluso para aportar cierta alegría al encuentro con un desconocido.

Otra idea falsa es que solo se puede influir realmente en alguien dominándolo. Se tiende a ver la empatía como una señal de debilidad. Como dijo en broma pero muy seria Jennifer, «mi padre solo tenía una manera de ejercer su autoridad: usando el cinturón». Es un tipo de liderazgo que alimenta un miedo y un resentimiento que acaban por debilitarlo.

Existe una manera de ser un líder fuerte sin engendrar miedo ni resentimiento. Si tu autoridad se basa en la sombra, puedes estar en sintonía con los sentimientos de los demás. Cuando la gente se siente comprendida quiere hacer lo que le pides aunque no esté del todo de acuerdo con ello. La empatía potencia la autoridad, sea cual sea el contexto: tus amigos, tu familia, tu barrio, etcétera. De hecho, hasta las grandes empresas reconocen el valor de respetar el punto de vista ajeno, ya que así se construye un trabajo en equipo más genuino y duradero.

La comunidad en la que empezaba a vivir Jennifer se llama «matriz social» y es una red de seres humanos interconectados que genera una energía curativa que no se puede crear de ningún otro modo. Cuanto mayor es la conexión que sentimos entre nosotros, más felices somos. Algunos estudios demuestran que las personas con sentido de la comunidad viven más tiempo y gozan de mayor salud física y mental.

Pero hay también un beneficio más profundo.

Dentro de la dinámica de la matriz social se esconde la solución al problema básico al que se enfrenta la humanidad: ¿cómo estar unificados sin sacrificar nuestra libertad individual? La respuesta está en la sombra, que, aun siendo portadora de la individualidad irrepetible de nuestro yo interior, vive en un espacio de conexión total con las sombras de las otras personas. Ahora bien, si nadie se responsabiliza de activar su propia sombra, esta quedará en un mero potencial. Si no tomamos la decisión correcta, nos exponemos a un lento descenso al infierno primigenio y violento que tan acertadamente llamó el filósofo Thomas Hobbes «la guerra de todos contra todos».

PREGUNTAS MÁS HABITUALES

1. Yo siento la presencia de mi sombra, pero no la veo.

Suele pasar. Hay personas más visuales que otras. Si no ves a tu sombra, ejercítate en percibir su presencia frente a ti.

Cuando uses la autoridad interior enfoca tu atención en el lugar que ocupa su presencia. Con el paso del tiempo lo que empezó como una presencia adquirirá forma visual.

Hay quien tiene el problema contrario: ve una imagen de su sombra pero esta no parece tener una presencia real: puede adoptar el aspecto de un monigote o de un personaje de dibujos animados.

Por lo que hemos visto, este problema siempre se puede resolver mediante la repetición. Trata la imagen como si fuera real, aunque no te dé la sensación de que lo sea, y tarde o temprano te parecerá real.

2. Veo mi sombra con los ojos cerrados, pero no cuando los tengo abiertos y estoy con otras personas.

Este problema también es habitual. Se necesita un tiempo para acostumbrarse a ver al público con los ojos físicos a la vez que a la sombra en la imaginación, pero la verdad es que todo el mundo sabe hacerlo. Siempre que lees una novela muy absorbente los ojos físicos miran las letras de la página, pero en tu imaginación ves con gran nitidez a los personajes y su entorno.

Con la autoridad interior pasa lo mismo: a medida que la practiques repetidamente, ver tu sombra con los ojos abiertos se convertirá en un acto reflejo.

3. ¿Concentrarme en mi sombra no me aislará del público y me meterá en mi propio mundo?

En realidad es todo lo contrario. Sentirse intensamente conectado a la sombra proporciona una seguridad interna que disuelve el miedo al público, y de este modo es más fácil conectar con él. Si el público te da pavor, intentas esconder a tu sombra; eso sí que te meterá en un mundo propio.

En nuestro ejercicio de la psicoterapia tanto Phil como yo vemos muy a menudo a nuestras sombras en plena sesión con un paciente, y nadie nos ha acusado nunca de parecer distraídos o desconcentrados, ni de estar en otro mundo.

4. ¿Esta práctica no me convertirá en alguien con doble personalidad?

Para los profesionales de la salud mental, la expresión *doble personalidad* tiene connotaciones muy concretas, en la medida en que designa problemas psicológicos que no tienen cabida en este libro.

Sin embargo, cuando un lego pregunta si la autoridad interior le otorgará «doble personalidad» se está refiriendo a otra cosa: teme que la existencia de un segundo yo dentro de sí tenga algo malo, y le incomoda hablar con él. Teme volverse loco.

Lo cierto es que sucede lo contrario. Todo el mundo tiene una sombra. Lo que sí es de locos es negar su existencia, puesto que equivale a ignorar todo nuestro yo interior. De hecho, aceptar a la sombra supone un alivio enorme, pero lo mejor es que nos encamina al desarrollo de unos poderes que nunca habíamos tenido.

Cuando inicies este proceso, que no te disuada el miedo de que hay algo que no funciona bien en ti. Si logras persistir, aunque solo sea un par de semanas, sentirás lo contrario: te estás volviendo cuerdo.

5. ¿Conectar con la sombra no tendrá efectos negativos sobre mí? Hubo un momento de mi vida en que me convertí en mi sombra y eso no fue nada bueno: cedí a mis peores tendencias.

Es una objeción casi universal a la autoridad interior. La sombra nos repugna; de ahí nuestro temor a que cuanto más interactuemos con ella, más nos parezcamos a ella.

Es comprensible: la mayoría de la gente recuerda un momento problemático de su vida en que se vio abrumada por la sombra. En general se trata de períodos en que nos aislamos del mundo y, víctimas de la apatía, nos sentimos inferiores o inútiles, como si nos hubiéramos perdido. También hay quien abusa de la comida o del alcohol. El desencadenante puede ser cualquier cosa: un rechazo, un contratiempo…, pero a menudo se produce sin explicación. En muchos casos se declara por primera vez en la adolescencia, pero puede ocurrir en cualquier momento.

En esos momentos te conviertes en tu sombra, que ha secuestrado tu vida.

Quien lo sufre casi nunca sabe que hay una alternativa. Phil tenía la sensación de que Jung era consciente del potencial positivo de la sombra pero que no llegó a crear un método práctico y fiable para sacarla a la luz. Para eso hacía falta una manera de trabajar con la sombra, no de convertirse en ella, y es ahí donde interviene la autoridad interior, que convierte a la sombra en compañera. Cuando la sombra pasa a ser tu compañera cambia de características, y solo entonces se convierte en una fuente de expresión personal libre y espontánea. Sin esta herramienta la sombra no es más que la suma total de tus peores tendencias.

Si haces un uso sistemático de la autoridad interior, creas una relación continuada con ella. Plantéatelo como una sociedad en que ambas partes aportan algo que no puede hacer la otra. La sombra aporta la capacidad de expresarse con pasión, cosa que tú no puedes hacer por ti solo, pero tú también aportas a la sombra algo que necesita pero no puede otorgarse por sí misma: el reconocimiento de su poder. Es lo que le das a la sombra cada vez que utilizas la herramienta.

Uniendo estas energías se obtiene un todo que es más que la suma de sus partes. Por extraño que suene, el «mejor yo», la versión más elevada de ti mismo, solo está presente en los momentos en que funciona esta sociedad con tu sombra. He ahí el auténtico sentido de la expresión *yo superior*. El secreto es que el yo superior es la combinación de dos contrarios: tú y tu sombra.

Si se rompe esta sociedad —o no llega a formarse—, acabas en un estado de desequilibrio. Por un lado, la sombra toma las riendas y te atosiga con sus tendencias a la inferioridad, la debilidad y la depresión. Es lo que Phil llamó «conquista», por razones obvias. Por otro lado, destierras a la sombra por completo y llevas una vida superficial que te hace anhelar la aprobación de los demás y no te permite expresarte con profundidad. Es habitual pasar de un extremo al otro sin llegar a juntar nunca las dos partes. Lo trágico es que la mayoría de la gente cree que son sus dos únicas alternativas.

Sin embargo, crear una relación equilibrada con la sombra no es una cuestión de alternativas, sino un proceso. Tienes que trabajar constantemente en tu asociación con la sombra, y para ello la clave es la autoridad interior.

6. ¿Cómo trabajo con mi sombra si la veo furiosa, destructiva u odiosa?

Recuerda que la sombra es una imagen de todo lo que no quieres ser. En este capítulo nos ocupamos de su forma más habitual, a la que llamamos «sombra inferior». La inferioridad y la inseguridad son los sentimientos más frecuentes que tenemos al tratar de expresarnos delante de otra gente.

Sin embargo, hay otra cosa que no queremos ser: no queremos vernos como «malos». Por malo entendemos la parte de ti que tiene el impulso de actuar por puro interés, sin respeto a nadie ni a nada que se interponga en su camino. Es lo que se manifiesta en el egoísmo y la codicia o, cuando ves que no se cumplen tus objetivos, en el odio o la rabia destructiva. Todas estas características forman una segunda sombra a la que llamaremos «sombra maligna». El hecho de tener una sombra maligna no quiere decir que tú seas malo, de la misma manera que una sombra inferior no significa que seas inferior, pero forma parte de todas las personas. La clave es que es socialmente inaceptable y que, por consiguiente, no nos gusta admitir su existencia.

En un futuro libro te enseñaremos a impedir que la sombra maligna actúe destructivamente, pero de momento, si es la forma dominante que adopta tu sombra, no dudes en usarla de la misma manera que hemos descrito para la sombra inferior; no solo funcionará, sino que para mucha gente será la primera vez que utilicen la sombra maligna de modo constructivo.

7. He leído a Jung y para mí fue una revelación, pero vuestra manera de aplicar el concepto de sombra difiere mucho de la terapia clásica junguiana. ¿Por qué?

Quiero dejar claro que la obra de Jung supuso un adelanto monumental. Además de ampliar el concepto de lo que contiene el inconsciente humano, elaboró una manera nueva y audaz de trabajar con este. Cuando surgían imágenes del inconsciente, Jung animaba al paciente a interactuar con ellas en lugar de analizarlas intelectualmente. Lo llamaba «imaginación activa». El objetivo de Jung era incorporar a la sombra al sentido del yo del paciente, que de este modo quedaba completo. A este estado lo llamaba el «sí mismo».

Era un planteamiento muy fructífero y que iba mucho más allá de la psicoterapia que se practicaba por aquella época. Mi único reparo es que a veces podía carecer de dirección, algo especialmente visible a la hora de integrar a la sombra. Para acceder a su inmenso poder e incorporarla a su vida cotidiana los pacientes necesitaban instrucciones claras. Era demasiado importante para dejarlo al azar. El paso siguiente lo dio Phil al crear una manera fiable de establecer ese contacto mediante unas herramientas capaces de hacer intervenir el poder de la sombra cuando más falta hacía.

Las herramientas aprovechan que la sombra es un ser diferenciado, con una sensibilidad y una visión del mundo propias. Necesita y merece la misma atención que prestarías a una relación con otro ser humano. Con el uso de la imaginación activa, Jung dio el primer paso —un paso brillante—, pero seguía habiendo un problema: los acontecimientos de nuestra vida nos distraen del mundo interior y cortan nuestra relación con la sombra. A Phil le pareció posible usar esos propios acontecimientos para dar profundidad a la relación con la sombra. Un ejemplo es quedarse bloqueado ante un público. La autoridad interior convierte a la sombra en solución del problema y fortalece de este modo tu relación con ella. La manera más profunda de reconocer a la sombra es incorporarla a tu día a día.

OTROS USOS DE LA AUTORIDAD INTERIOR

La autoridad interior permite superar la timidez inicial, sobre todo con personas que despiertan tu interés amoroso. *Muchas personas con mucho que ofrecer en una relación no se conceden nunca la oportunidad de iniciarla porque les da demasiado miedo conocer a alguien. Quienes más ocasiones tienen de establecer relaciones amorosas no son quienes serían mejores parejas, sino quienes más se exponen.*

A Jim le había aquejado toda la vida una timidez exacerbada. Le desagradaba conocer a gente nueva y los actos sociales le daban miedo, pero cuando peor lo pasaba era ante el sexo opuesto. Al ser alto, guapo y claramente sensible, muchas mujeres le daban la posibilidad de abordarlas, pero él siempre se bloqueaba. Paralizado por la vergüenza, lo máximo que conseguía era sonreír a medias, cosa que ellas interpretaban como condescendencia o desinterés, lo cual las llevaba a erigir sus propias defensas. El resultado era que Jim se cohibía aún más. Cuando empezó a trabajar con su sombra se le apareció como un monstruo grotesco, pero sintió alivio al verla con claridad. Empezó a practicar la autoridad interior a solas. El mero hecho de hacerlo ante un espejo ya fue un gran paso para él. Para su sorpresa, tuvo la sensación de que por primera vez podía mirarse a los ojos. A partir de ahí empezó a practicar con dependientes y transeúntes, con los que no se jugaba gran cosa. Al cabo de unos meses fue capaz de hablar con mujeres sin quedarse bloqueado, y pronto tuvo vida social.

La autoridad interior permite expresar necesidad y vulnerabilidad. *Muchas personas, sobre todo hombres, se esconden detrás de una fachada que proclama que tienen su vida controlada y no necesitan nada de nadie. La vida suele echar abajo esta fachada y ponernos en situación de tener que pedir ayuda. Las personas incapaces de aceptar este riesgo corren el peligro de perderlo todo.*

Harold era un constructor de éxito y tenía un ego colosal. Emprendía grandes proyectos que lo ponían en situaciones de riesgo financiero. Cuando la economía iba bien la cosa funcionaba; Harold llevaba un tren de vida de lujo y ostentación y solo se sentía seguro cuando era el centro de atención y pontificaba ante los demás. Con el bajón inmobiliario los bancos reclamaron la devolución de sus préstamos y Harold, que se había quedado sin dinero, descubrió que tenía muy pocos amigos. Para evitar la quiebra tuvo que recurrir a su padre, que trabajaba en el mismo sector pero que, al ser modesto y conservador, tenía sustanciosos ahorros. Para Harold, que se jactaba de haber superado a su padre, pedirle dinero significaba derruir su fachada de pez gordo. La autoridad interior, que le permitió comunicarse desde su verdadero yo interior, le enseñó que podía desenvolverse sin esa fachada. Después de mucho practicar fue capaz de pedir ayuda a su padre. «Fue mi primer momento de sinceridad desde que era pequeño», dijo. Gracias a ello, se granjeó el respeto de su padre. Usando la autoridad interior cada vez que hablaba con él logró que a partir de ese momento se forjase una relación auténtica entre ellos.

La autoridad interior te permite poner más emoción en el contacto con tus seres queridos. *Es más importante tu forma de comunicarte (la emoción que expresas) que las palabras que usas. Cuando hablas sin emoción el influjo que generas en los demás no basta para que se establezca una conexión real.*

Joe era un radiólogo de gran talento, a quien recurrían otros médicos para que diagnosticase a sus pacientes. Gracias a su meticulosidad detectaba lo que a otros se les pasaba por alto; se encontraba más a gusto con las imágenes de ordenador que con los seres humanos, algo aceptable en un radiólogo pero no en un padre. A los trece años, su hija mayor empezó a evitar su presencia.

A Joe le dolió, pero al preguntarle la razón, su hija salió del cuarto hecha una furia. Le dijo a su madre que su padre no la valoraba y que era un friqui: ni se había inmutado al verla por primera vez con un vestido de mayor. Joe trató de compensarlo diciéndole mecánicamente que la quería, pero sus palabras la dejaron fría. Su mujer le dijo que lo que fallaba no eran las palabras, sino las emociones. Para Joe las emociones fueron un misterio hasta que conoció a su sombra: todos los sentimientos que tan ajenos le resultaban estaban dentro de su sombra. Empezó a usar la autoridad interior cada vez que hablaba con su hija y quedó atónito con los efectos que tuvo en su relación. A medida que intimaban su hija ganó la confianza de saber que su padre la quería.

La autoridad interior activa una fuerza superior no solo en el momento de hablar, sino también en el de escribir. *El bloqueo del escritor es lo que ocurre cuando a un escritor le interesa más el resultado de sus esfuerzos que el proceso de escribir. Suele adoptar la forma de una tentativa frustrada de que su obra sea perfecta y de una gran dureza autocrítica cuando no lo es.*

A Julie le encantaba escribir guiones y se planteó dedicarse a ello profesionalmente. Para su sorpresa, le compraron el primero que presentó y lo convirtieron en una película de éxito. Después le ofrecieron una gran suma de dinero para que escribiera un guion para un director famoso. Julie sintió la presión de que le saliera algo tan bueno como la primera vez y ya no se divertía escribiendo. En vez de hacer caso a su intuición, se metió en el berenjenal de intentar adivinar los gustos de la gente y empezó a ser muy crítica con todo lo que escribía. Sus ataques a sus propios textos adquirieron tal dureza que ya no le apetecía escribir ni una sola palabra. La única solución era volver a conectar con la parte de sí misma a la que le encantaba escribir por el simple hecho de escribir: su sombra. Lo hizo usando la autoridad interior durante todas las sesiones de escritura: dirigía la herramienta a quien se imaginaba que pudiera leer el guion y se esmeraba especialmente en usarla cuando empezaban los ataques a sí misma. La autoridad interior aportó a sus textos una fuerza superior, la fuerza de la expresión personal. Julie dejó de tener miedo de lo que pensaran los otros de su obra y recuperó el gusto por la escritura.

RESUMEN DE LA AUTORIDAD INTERIOR

Cuándo sirve la herramienta

En situaciones que te impongan y en las que te resulte difícil expresarte o incluso establecer una relación con los demás; momentos en que te «bloqueas» y te quedas rígido, incapaz de expresarte con naturalidad y espontaneidad. Bajo esta manifestación subyace un sentimiento irracional de inseguridad. La herramienta te permite vencer la inseguridad y ser tú mismo.

Contra qué luchas

La inseguridad es una característica humana universal, pero ha sido muy mal interpretada. Creemos saber qué la provoca: nuestro aspecto físico, nuestro nivel de educación o nuestro estatus socioeconómico... En realidad, todos llevamos en lo más profundo de nuestro ser algo que es la causa de nuestras inseguridades. Se llama sombra (la encarnación de nuestros rasgos negativos) y nos aterra que alguien pueda verla. De resultas de ello, invertimos mucha energía en esconderla, lo cual hace imposible que seamos nosotros mismos. Esta herramienta nos proporciona una nueva manera de enfrentarnos al problema de tener una sombra.

Pies para usar la herramienta

1. Siempre que sientas miedo escénico, lo cual puede ocurrir en actos sociales, enfrentamientos o al hablar en público.
2. Usa la herramienta justo antes del acto en sí y también en su transcurso. Otro pie, menos obvio,

sería cuando te imaginas el momento y te preocupas.

La herramienta en pocas palabras

1. Ante cualquier tipo de público, ves a un lado a tu sombra, que te mira. (Funciona igual de bien con un público imaginario o compuesto por una sola persona.) Desplaza toda tu conciencia del público a la sombra. Sentirás un vínculo inquebrantable entre los dos: formáis una unidad, nada os da miedo.
2. La sombra y tú os giráis hacia el público al mismo tiempo y gritáis en silencio: «¡ESCUCHAD!». No es una petición, sino una orden para que escuchen lo que vais a decir.

La fuerza superior que usas

La fuerza de la expresión personal nos permite revelarnos de forma veraz y auténtica, sin que nos importe la aprobación ajena. Habla a través de nosotros con una claridad y una autoridad insólitas, pero también se expresa de modo no verbal, como cuando un deportista está «en la zona». En los adultos esta fuerza queda sepultada en la sombra. Conectándote con esta última, la herramienta te permite resucitar la fuerza y hacer que fluya a través de ti.

5

Herramienta: EL FLUJO DE GRATITUD

Fuerza superior: la gratitud

Elizabeth, una nueva paciente, se había pasado la noche en vela debido a las cosas que la preocupaban.

—Mañana viene toda mi familia para el día de Acción de Gracias y estoy casi segura de que el pavo me saldrá mal —dijo; se retorcía tanto las manos que pensé que se las despellejaría.

—¿Ya has empezado a prepararlo? —pregunté.

—No, pero la última vez que hice pavo mi primo tuvo una indigestión.

Me miró un momento, suplicante, pero no me dio tiempo a contestar: su cerebro, un torbellino de preocupaciones, pasó a otras cuestiones acuciantes: en el último momento un primo lejano había anunciado que llevaría a un invitado, lo cual, supuestamente, daría a Elizabeth el doble de trabajo; el sobrino que tenía intolerancia al gluten no podría comer ningún tipo de relleno; ¿cómo organizaría la mesa para sentar a su padre, que era de izquierdas, lejos de su hermano, que era de derechas, y de su prima política, una chica emocionalmente frágil a quien su padre siempre conseguía ofender?

Y siguió disparando cual ametralladora una preocupación tras otra, como si le echase una carrera al fin del mundo. Me distraje un segundo de lo que decía y atisbé su mundo interior: un lugar infernal lleno de malos pensamientos que la tenían presa de una red de desgracias. Me dio pena.

—Entiendo que estés estresada —dije para tranquilizarla—, pero dudo de que sea tan grave como crees.

—Pareces mi marido —replicó ella—. Para él es fácil decirlo; solo tiene que servir las bebidas y asegurarse de que la tele esté encendida a la hora del primer saque.

Me sentí impotente durante casi toda la sesión, pero al final Elizabeth me sorprendió dándome las gracias y prometiendo regresar la semana siguiente. Empecé la segunda sesión preguntándole cómo había ido el día de Acción de Gracias, pero ella le quitó importancia con un gesto de la mano: lo que le preocupaba ahora era un sarpullido en la pierna que tenía claro que era un síntoma de lupus.

Elizabeth siempre estaba preocupada por algo. Independientemente de la causa concreta (el ruido raro que hacía su coche al arrancar, los dolores de cabeza debidos sin la menor duda a un tumor cerebral…), preocuparse era el centro de su vida.

En su vida había habido una etapa relativamente exenta de preocupaciones: el colegio. Elizabeth siempre había destacado en los estudios, y había cursado un máster en psicología con un expediente casi perfecto, pero en el momento de sacárselo ya estaba casada y con una hija y tuvo que entrar en el mercado laboral para ayudar a mantener a su familia.

Después de una larga búsqueda encontró trabajo como orientadora en un instituto de formación profesional; pagaban poco, pero su perfil se ajustaba perfectamente al puesto: tenía buen currículum académico y le preocupaban los alumnos a su cargo. Tal vez demasiado.

Los alumnos eran tantos que era imposible dar a cada uno la atención que a ella le parecía que necesitaba. Lo que sí encontró fue tiempo para preocuparse por ellos. ¿Fulanito había elegido bien las asignaturas? ¿Se le había pasado por alto la depresión de Menganita? ¿Y si trabajaba los sábados para recuperar? Pero entonces, ¿de dónde sacaría tiempo para su hija? Pese a lo crudo del panorama, era una orientadora muy bien considerada que llevaba más de catorce años eludiendo otro de sus temores (el de ser despedida).

Le pregunté cómo vivía su marido el hecho de que tuviera tantos miedos.

—A veces se ríe, pero normalmente se le nota en la cara que no me hace caso —reconoció ella.

Últimamente, sin embargo, ya no se lo tomaba tan a la ligera. Una vez en que a ninguno de los dos les iba bien, por trabajo, ir a una reunión del colegio, Elizabeth se pasó toda la cena hablando del tema, al borde de un ataque de nervios, hasta que de repente su marido ya no pudo más: «¡Son problemas de lo más normales —dijo enfadado— y tú te los tomas como si se nos cayera el mundo encima!».

—¿A ti qué te parece lo que dijo? —pregunté.

Se le empañaron los ojos.

—Sé que tiene razón; debe de ser difícil verme siempre tan preocupada, pero imagínate lo que es para mí…

LA NUBE NEGRA

Elizabeth tenía el aspecto angustiado de una persona a quien se le caía la vida a trozos, cuando en realidad su vida era bastante estable y, en lo más importante, afortunada. Su marido, un policía condecorado, llevaba tanto tiempo en las fuerzas del orden que ya era imposible que perdiera su trabajo. Totalmente entregado a su mujer y su hija, vivía solo para verlas seguras y satisfechas. Ni a él ni a Elizabeth les quitaban el sueño los lujos de la vida; en el sentido material tenían todo lo que les hacía falta. Aun así, a pesar de todas las atenciones de su marido, Elizabeth vivía la vida como una serie de calamidades a las que hacía frente en soledad.

Por muy descabellados que pudieran ser sus miedos, a ella le parecían reales porque vivía en un mundo que se había fabricado ella misma. Hasta cierto punto, lo hacemos todos: nos gusta pensar que reaccionamos al mundo tal como es, pero en realidad nuestras reacciones corresponden a un mundo que solo existe dentro de nuestra cabeza. Este mundo interior es tan poderoso que se impone a nuestra capacidad de ver la realidad. Así lo expresó John Milton en *El paraíso perdido*: «El espíritu lleva en sí mismo su propia morada y puede en sí mismo hacer un cielo del infierno o un infierno del cielo».

Queriendo enseñarle cómo funcionaba este mundo interior, le pedí que cerrara los ojos y reviviera su última preocupación.

—He oído por la radio que se están derritiendo los casquetes polares... Estaba pensando que deberíamos irnos a vivir más lejos de la costa, a mayor altitud.

Le pedí que dejara a un lado aquella preocupación concreta y que viera si sentía algo detrás de las preocupaciones.

Abrió los ojos azorada.

—He sentido que me rodeaba una oscuridad muy densa, como una nube de calamidades.

Le pedí que probara a hacer lo mismo con otra preocupación: la de que su hija presentara a tiempo la solicitud de ingreso en la universidad. Cuando lo hizo se sorprendió al sentirse rodeada exactamente por la misma oscuridad.

A esta presencia la llamamos la «nube negra». Cuando te preocupas sin cesar por algo, sea lo que sea, creas una energía negativa que se cierne sobre ti como una nube. La nube negra te aísla de todo lo positivo y crea una sensación de desastre inminente. Da lo mismo que se deba a un desastre natural, a una enfermedad o a un error humano.

Elizabeth era un ejemplo extremo de lo dominante que puede llegar a ser la nube negra. Su poder no está en que se cumplan las predicciones, que casi siempre son falsas, sino que nos domina de una forma mucho más primitiva: a través de la fuerza de la repetición. Si repites algo bastantes veces, se convierte en una costumbre con vida propia; es más fácil hacerlo que no hacerlo.

También tú puedes experimentar la nube negra. Empieza eligiendo algo que suela preocuparte, como tu trabajo, los problemas con un hijo, una enfermedad de un familiar…

> Cierra los ojos, recrea los pensamientos de inquietud y repítelos intensamente, como lo haces en la vida real. Puede que al principio te parezca artificial, pero si insistes, los pensamientos irán cobrando empuje y adquirirán vida propia. Ahora céntrate en el estado interior que han creado estos pensamientos. ¿Qué sensaciones producen?

Acabas de experimentar una versión moderada de la nube. En la vida real es más oscura y agobiante: tapa todo lo positivo y consigue convencerte de que lo único real es lo negativo. El siguiente dibujo representa la nube negra en acción:

Encima de la nube está el sol, símbolo universal de lo positivo. En este caso representaría todo lo que está bien en el mundo. Hemos dibujado la nube negra como un manto impenetrable que no deja pasar lo positivo. Todavía luce el sol, pero para quien está debajo de la nube no existe. No hay alegría, solo negatividad. La figura se encorva bajo el peso del oscuro mundo creado por sus pensamientos. El precio de vivir así es muy alto, enorme.

Para la persona aplastada por la nube negra no puede haber tranquilidad de espíritu.

EL PRECIO DE LA NEGATIVIDAD

Para la mayoría de la gente la tranquilidad de espíritu es una sensación muy valiosa: la de que cada cosa está en su sitio y «todo va bien». También tú la habrás sentido fugazmente: una serenidad interna, como si estuvieras en armonía con todo lo que existe.

La nube negra aniquila este sentimiento de paz. Bajo su maleficio solo ves lo que no está bien en el mundo. Puede provocarla cualquier tipo de pensamiento negativo: la desesperación, la falta de autoestima, el espíritu crítico… Pero nada la provoca mejor que las preocupaciones.

Sin serenidad todo se convierte en crisis. Cuando todas tus fuerzas se concentran en sobrevivir, disfrutar de la vida es un lujo que no puedes permitirte. Elizabeth era incapaz de sentarse a leer un buen libro, mirar una película o quedar para comer con un amigo; siempre había un problema grave que reclamaba su atención. Un día me miró, agotada, y reconoció la verdad:

—No me acuerdo de la última vez que me alegré de verdad por algo.

Esta pauta de crisis perpetua tiene un giro cruel. Con la nube negra cualquier problema pasa a ser de vida o muerte, pero eso no lo ve nadie excepto tú, con lo cual es imposible fiarse de los demás para delegar en ellos porque nadie se toma los problemas tan en serio como tú. Te sientes superado y solo.

Elizabeth llegó a un punto en el que no se fiaba ni de su marido. Llegó exhausta a la sesión.

—Vengo muerta —se quejó—. Hoy no sé cómo haré la colada.

Yo estaba perplejo.

—Creía que cuando necesitabas ayuda en casa tu marido te echaba una mano.

—Es que ya no se lo pido. No dobla bien la ropa; es más fácil hacerlo yo misma.

Una actitud así solo servía para distanciarla más de su marido, que ya estaba frustrado de por sí por los exagerados temores de Elizabeth. A nadie le gusta sentirse inútil. También sus amigos se estaban distanciando, puesto que Elizabeth no tenía tiempo para verlos.

Por suerte, justo después de que Elizabeth empezase con la terapia ocurrió algo que le dio la sacudida que necesitaba. Fue por su hija. Elizabeth le había corregido los textos para la universidad, la tenía al corriente del calendario de solicitudes y hasta la había ayudado a poner los sellos y la dirección en los sobres. Por eso le sorprendió tanto que su hija la acusara de «gruñona egoísta».

Ya más calmadas ambas, su hija se explicó: «Lamento lo que te he dicho, pero tienes que entenderme. La mayoría del tiempo no parece que lo hagas por mí, sino para resolver tus propios temores de que no entre en la universidad».

Fue un momento decisivo. Elizabeth ya no podía negar que la nube negra hubiera convertido su mayor impulso como madre en algo que a su hija le resultaba agobiante. Si podía estropear aquello, podía estropearlo todo. Resolvió, pues, liberarse de la nube negra.

Pero era más difícil de lo que esperaba.

¿POR QUÉ ES TAN PODEROSO EL PENSAMIENTO NEGATIVO?

Resulta tentador pensar que es fácil cambiar las pautas de nuestra manera de pensar. A fin de cuentas, ¿por qué no limitarse a sustituir cada pensamiento negativo por otro positivo? Es una idea que siempre ha formado parte de la cultura estadounidense y que llegó a su cumbre en un libro titulado *El poder del pensamiento positivo*. Por desgracia, es una de esas ideas que parece que tengan que funcionar pero que no funcionan, y eso sucede porque en la vida real los pensamientos positivos distan mucho de tener la misma potencia que los negativos.

Elizabeth lo descubrió por sí sola el día que un amigo le dio un libro sobre el tema.

—Me pasé tres días intentando tener pensamientos positivos. —Frunció el ceño—. Pero cada vez que lo intentaba me sentía tonta por fingir que todo iba bien cuando había peligros por todas partes. No sé por qué lo llaman el poder del pensamiento positivo; todo el poder lo tienen los negativos.

¿De qué poder se trata? Para averiguarlo le pedí que cerrara los ojos y creara una sucesión de preocupaciones. Ella asintió.

—Ahora deja que la cabeza se relaje, como si hubieras perdido la capacidad de preocuparte. ¿Cómo te sientes?

Elizabeth dio un respingo.

—Durante un segundo he tenido la impresión de relajarme, pero luego… ha sido como si perdiera el control de todo.

—Vale. Ahora, justo cuando tengas esa sensación de descontrol, vuelve a introducir las preocupaciones. ¿Cómo te sientes?

—Pues la verdad es que… un poco mejor. —Abrió los ojos—. De alguna manera, cuando me preocupo tengo la sensación de poder esquivar las cosas malas. Me recuerda a cuando de pequeña me pasaba la noche sin dormir imaginando lo horrible que sería que mis padres se separasen. Al final ya era un ritual. Estaba sinceramente convencida de que mientras me preocupase no pasaría.

—Pero se separaron; preocuparte no te dio resultado, y aun así seguiste haciéndolo.

—Supongo que pensaba que si paraba seguro que pasarían cosas malas.

Esencialmente, preocuparse se había convertido en una poderosa superstición con efectos benéficos tan irreales como los de una pata de conejo. Pero el gran atractivo de las supersticiones es que nos confieren la sensación mágica de que podemos incidir en el futuro. Es una ilusión, por supuesto: no está en nuestras manos predecir, y menos controlar, la mayor parte de la vida; puede pasar de todo y en cualquier momento, desde que la lluvia nos estropee un pícnic hasta un infarto repentino, pero nosotros insistimos en controlar lo incontrolable.

¿Por qué?

Por una premisa básica acerca del universo que nunca ponemos en duda. Presuponemos, porque así nos lo dice la ciencia, que al universo le somos indiferentes. Se trata de una conclusión razonable si solo nos basamos en lo que vemos a nuestro alrededor, pero es una conclusión que hace que nos sintamos solos en un universo al que no le importamos. Al sentir que no cuidarán de nosotros nos obsesionamos con controlar nuestro futuro, y en ese contexto parece lógico preocuparse.

Pero ¿y si a un nivel que no vemos al universo sí le interesa nuestro bienestar y nos apoya tanto a pequeña como a gran escala? Tampoco hay que ir tan lejos para percibirlo. Fíjate, por ejemplo, en el cuerpo: extrae oxígeno del aire, digiere alimentos complejos y te permite el milagro de ver y oír. Parece increíble lo bien que funciona todo ello sin que lo entiendas, pero hay más: la tierra nos da comida, aire para respirar y nos proporciona las materias primas para construir cosas. Solo son unos pocos ejemplos de las infinitas vías por las que el universo sostiene nuestra existencia.

Cuando se lo dije a Elizabeth ella contestó:

—Eso ya me lo han dicho otras personas, pero es que yo no lo siento.

No era la única. Para la mayoría de la gente no es algo natural sentir la abundancia del mundo. Por suerte existe una respuesta, una manera de experimentar la infinita generosidad del mundo.

FUERZA SUPERIOR: LA GRATITUD

Cuando Phil era muy pequeño le pasó algo que lo llevó a experimentar el universo de una nueva manera y que a la larga lo capacitó para ayudar a los demás a tener la misma experiencia. Esta es la historia, en sus propias palabras:

Como he explicado en el capítulo 1, tenía nueve años cuando mi hermano murió de un tipo raro de cáncer, y desde entonces mi familia esperó con impotencia a que cayera encima de nosotros otra calamidad. ¿Quién sería el siguiente? Más tarde, a los catorce años, empecé a tener dolores de cabeza sin explicación, cada noche, justo después de quedarme dormido. Era como si me clavaran un cuchillo en el cráneo. Lo primero que pensé fue que tenía un tumor cerebral. Mi pánico aumentó con el paso de las semanas, pero me lo callé para proteger a mis padres. Al final ya no lo podía soportar y se lo conté. Ellos, aterrorizados, me sometieron a una revisión médica exhaustiva.

Todos los resultados fueron negativos y supe que no me pasaba nada; lo que no sabía era que mi experiencia de la vida estaba a punto de cambiar para siempre.

Hasta aquella terrible experiencia lo más importante de mi vida había sido el baloncesto. Los mejores partidos eran en la YMCA, pero para llegar tenía que coger un autobús que recorría una parte deteriorada de Manhattan. Las esquinas estaban plagadas de mujeres de la calle y de camellos. Como cualquier neoyorquino de nacimiento, respondía al peligro mirando siempre al frente, sin fijarme en nada de lo que pasase a mi alrededor. Unas cuantas manzanas antes de mi parada llegaba a la zona donde estaban a punto de construir el Lincoln Center. Todos los edificios de la zona habían sido reducidos a escombros. La verdad es que era un alivio.

La primera noche después de saber que no tenía ninguna enfermedad cogí el mismo autobús. Cruzó aquel infierno como de costumbre, entre los gritos y las sirenas de siempre y el olor a basura, pero como pensaba que no volvería a coger aquella línea, lo viví a una luz completamente nueva. Cada sensación parecía un milagro. Algo me había devuelto aquel trayecto y, con él, el resto de mi vida. Sentí que mi corazón se llenaba de gratitud.

La experiencia de Phil fue tan intensa que lo obligó a mirarlo todo de otra manera. Se subió en un autobús sucio y al momento se lo habían devuelto todo. Estaba en presencia de un poder hecho de pura donación.

A este poder lo llamamos «fuente» y, aunque Phil lo conociera en un destello, siempre está con nosotros. Creó todo lo que ves. Lo más milagroso es que creó la vida y que sigue íntimamente relacionado con todos los seres vivos a los que creó, incluido tú: en el pasado te dio vida, en el presente te sustenta y su poder creador llena tu futuro de infinitas posibilidades.

Una vez que eres capaz de reconocer todo lo que se te da, te sientes conectado a la fuente; entonces ya no estás tan solo ni tienes tanta necesidad de preocuparte.

Cuando se lo expliqué a Elizabeth no parecía muy convencida.

—Siempre me han dado envidia los que pueden creer en lo que dices; parece muy reconfortante, pero yo soy demasiado escéptica. Vaya, que… ¿cómo puedes estar tan seguro de que existe esa «fuente»?

Era una buena pregunta. Normalmente, para creer en la existencia de algo tenemos que verlo con nuestros propios ojos (o percibirlo con alguno de nuestros otros sentidos físicos).

El problema es que la fuente no está en el mundo físico: existe en un mundo espiritual que no pueden percibir nuestros cinco sentidos físicos. Para experimentar la fuente necesitamos un nuevo tipo de percepción, cuyas características se ponen de manifiesto en el testimonio de Phil: al darse cuenta bruscamente de que le habían devuelto la vida su corazón se vio inundado de gratitud, y fue este sentimiento de gratitud —y no algo visto u oído— lo que le proporcionó una conexión personal con la fuente que todo lo da.

La gratitud, hasta cierto punto, fue su *reacción* a la generosidad de la fuente, pero a un nivel más profundo fue el medio a través del cual la percibió. Al principio puede parecer un poco raro concebir la gratitud como un modo de percepción y no como una simple reacción emocional, pero con la práctica descubrirás que la gratitud percibe el mundo espiritual con la misma claridad con que tus ojos y oídos perciben el mundo físico.

De ahí que la gratitud sea mucho más importante que una simple emoción y se erija en una fuerza superior. En general, las fuerzas superiores te permiten hacer cosas que no pensabas que pudieras hacer. En este caso, lo que te permite la gratitud es percibir cosas que no pensabas que pudieras percibir. La gratitud, en resumidas cuentas, es un órgano de percepción superior mediante el que puedes captar con precisión una verdad fundamental: el universo funciona —misteriosamente— y tú eres el beneficiario constante de su generosidad. La fuente te apoya en todo momento, desde el día en que naces hasta el día en que mueres. Sentir gratitud por esa relación no es cuestión de buenos modales, sino una manera completamente nueva de percibir la realidad.

HERRAMIENTA: EL FLUJO DE GRATITUD

Hay momentos en la vida en que la fuente manifiesta su presencia con tal intensidad que sentimos gratitud sin ningún esfuerzo por nuestra parte. Puede haberte pasado acampando bajo un cielo estrellado o el día en que nació tu hijo. Lo que hace realmente especiales esos momentos es el hondo sentimiento de que se te está dando algo que no podrías haber creado por ti mismo. Rememora algún momento de tu vida en que hayas sentido eso y recrea la experiencia ahora mismo, con los ojos cerrados.

> Visualiza todo lo que pasaba a tu alrededor. Céntrate en la gratitud que sentiste. A continuación, conecta esa gratitud con la presencia de una fuerza inimaginablemente generosa.

Muchos hemos experimentado así la fuente, pero, al margen de la intensidad con que la sintiéramos, ocurrió en circunstancias especiales que rara vez se pueden recrear. Si estás dispuesto a vencer tu negatividad, necesitas acceder a la fuente en cualquier momento, independientemente de las circunstancias, y la única manera de poder hacerlo es aprender a activar siempre que quieras tu sentido de la gratitud.

A continuación, te muestro la herramienta para despertar el órgano de la gratitud.

El flujo de gratitud

Piensa en cosas de tu vida por las que estás agradecido; en particular esas cosas que uno da normalmente por sentadas. Enuméralas en silencio, despacio, para sentir el valor de cada una. «Estoy agradecido por mi vista, estoy agradecido por tener agua caliente», etcétera. Deberías mencionar al menos cinco cosas. Tardarás menos de treinta segundos. Siente el leve esfuerzo que supone encontrarlas.

Deberías sentir que la gratitud que expresas fluye hacia arriba, directamente del corazón. Cuando hayas acabado de mencionar los elementos específicos el corazón debería seguir generando gratitud, pero esta vez sin palabras. La energía que sale ahora de ti es el flujo de gratitud.

Cuando esta energía emane del corazón se te suavizará y se te abrirá el pecho, y en ese estado sentirás que te aproximas a una presencia abrumadora, llena del poder de la entrega infinita. Has conectado con la fuente.

El siguiente dibujo muestra el funcionamiento de la herramienta: crea una sensación de gratitud tan poderosa que penetra en la nube negra. Así lo ilustra el canal que, partiendo de la persona, se extiende hacia arriba y quiebra la nube. Las rayitas del interior del canal representan la fuerza de la gratitud que fluye hacia arriba. En el dibujo anterior (p. 158) el sol que brillaba por encima de la nube encarnaba todo lo bueno del mundo. Ahora podemos ponerle al sol su verdadero nombre: la fuente, el creador de todo lo que existe, la gran fuerza positiva del universo. El dibujo muestra que la gratitud se convierte en un órgano que nos conecta con la fuente.

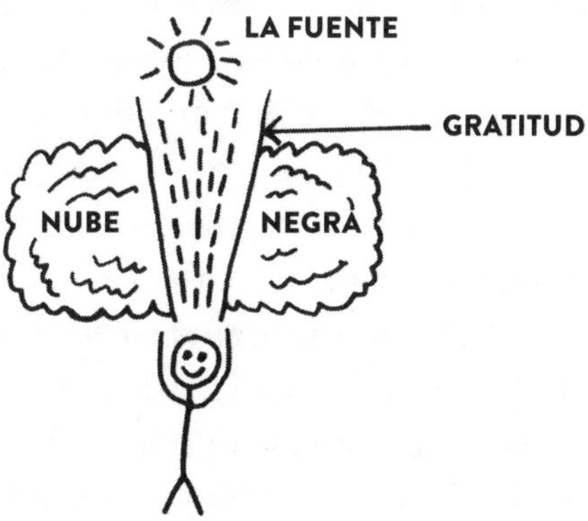

A esta herramienta le hemos puesto el nombre de «flujo de gratitud». Por *flujo* se entiende cualquier proceso incesantemente creativo. En la herramienta creas un flujo incesante de pensamientos con la finalidad de estimular un flujo incesante de gratitud que afirma la generosidad inagotable de la fuente. Como el flujo siempre está creando, tiene la propiedad de renovarse constantemente; por eso es importante no emplear exactamente los mismos elementos cada vez que usas las herramientas. Crear como mínimo unos cuantos elementos nuevos cada vez requiere esfuerzo, pero se trata de un esfuerzo sagrado que te mantiene en profunda conexión con la fuente.

Al principio puede parecer difícil que se te ocurran cosas por las que estás agradecido, pero es más fácil de lo que piensas. Puedes usar cosas que no están pasando, como «estoy agradecido por no estar en ninguna zona en guerra», o «estoy agradecido por no vivir en la falla de San Andrés». También puedes hacer prospección en tu pasado, como «estoy agradecido por haber ido a un buen instituto», o «estoy agradecido por que mi madre me quisiera tanto». Cíñete a cosas por las que sientas una gratitud sincera, no por las que te parezca que deberías estar agradecido. A menudo son cosas pequeñas, en las que no te fijas hasta que las pierdes, como el hecho de haber pasado un buen rato comiendo con un amigo o que funcione la electricidad en tu casa. Los pacientes nos preguntan por qué hacemos hincapié en estos elementos menores. La respuesta es sencilla: aunque tendamos a darlos por sentados, siempre están, y al obligarnos a tomar conciencia de ellos y valorarlos la herramienta nos recuerda que también está ahí la fuente, sustentándonos de una cantidad inimaginable de maneras.

Durante tu aprendizaje de la herramienta, empieza por enumerar mecánicamente cosas por las que estés agradecido. Cuando ya te hayas acostumbrado a ello, trata de sentir cómo emana la gratitud de tu corazón al nombrar cada cosa. Una vez que seas capaz de sentir esto, podrás detener un momento las palabras y enseñarle al corazón a generar una gratitud pura, sin palabras. Este estado final es el que te abrirá a la presencia de la fuente. Después de cierta práctica te moverás sin sobresaltos por toda la extensión de la herramienta. Entonces podrás empezar a utilizarla en la vida cotidiana.

Presta atención a lo que piensas durante tus quehaceres cotidianos y, en cuanto aparezca la primera señal de pensamiento negativo, usa el flujo de gratitud. La negatividad es tu pie. Recuerda que la función de los pies es usar la herramienta de inmediato, aunque no parezca urgente. En el caso del flujo de gratitud esto es de especial importancia, porque el pensamiento negativo suele meternos en la nube negra sin que nos demos cuenta. Las inquietudes de Elizabeth, por ejemplo, empezaban muchas veces por una observación que parecía inocente: «Mira, tengo un lunar en el brazo». Pero poco a poco iban a más («Estoy casi segura de que es nuevo»), y en menos que canta un gallo el pensamiento se le había descontrolado: «Es un melanoma, se está extendiendo... ¡Dios mío, me voy a morir!». Una vez que aprendió a usar el flujo de gratitud de manera inmediata, después del primer o del segundo pensamiento, adquirió mucho más control sobre su mente. Para la mayoría de la gente es la primera vez que se sienten capaces de derrotar a sus pensamientos negativos.

La negatividad de Elizabeth consistía esencialmente en preocuparse, pero conviene adquirir la costumbre de usar la herramienta para interrumpir cualquier pensamiento negativo, categoría que puede incluir la autocrítica («qué tonto soy»), las críticas a los demás («qué fea es esa chica») o las quejas («estoy muy cansado de mi trabajo»). Obsesionarse, sea por lo que sea, es otra modalidad de pensamiento negativo a la que se puede poner coto con el flujo de gratitud.

El flujo de gratitud es tan importante que deberías convertirlo en una práctica diaria. Una manera de hacerlo es usar la herramienta en momentos concretos del día. Muchos pacientes la usan nada más despertarse, en cada comida y justo antes de quedarse dormidos.

También puedes usarla siempre que tus pensamientos vaguen sin rumbo, como ocurre varias veces a lo largo del día: al ir en autobús, durante la pausa del café, al hacer cola en el supermercado… Cuando lo hagas verás lo indisciplinada que es la mente: si se la deja a su albedrío, degenera y se llena de banalidades, inseguridades y negativismo.

El sentido de usar tan a menudo el flujo de gratitud es que te conviertas en dueño de tus propios pensamientos, que son lo único que puede controlar realmente un ser humano. Mientras no puedas controlar tus pensamientos serás espiritualmente inmaduro. De niños necesitamos que nuestros padres nos hagan cepillarnos los dientes y ducharnos a diario. De adultos aceptamos ser responsables de esas cosas sin cuestionarlo. Con la práctica incorporarás la misma diligencia a tu higiene espiritual que a tu higiene física, momento en el que pasarás a ser un adulto espiritual.

Cuando la gratitud se convierte en una forma de vida, la fuente pasa a ser una compañera inseparable. Esta compañía la expresaron los antiguos en términos muy personales, como lo hace, por ejemplo, el rey David en el Salmo 23: «Aunque pase por valle tenebroso, ningún mal temeré, porque tú vas conmigo; tu vara y tu cayado, ellos me sosiegan». Puede que tú, al vivir en esta época, no sientas la fuente con la misma inmediatez ni de una manera tan personal, pero sí experimentarás una tranquilidad, un respaldo y unos cuidados como los que tan elocuentemente expresó el rey David.

Conectar con la fuente es un poco distinto de hacerlo con las fuerzas superiores de las que hemos hablado en los capítulos 2, 3 y 4. La razón es que la fuente es lo más elevado del universo y, de hecho, creó estas fuerzas superiores. A diferencia de las otras fuerzas, la fuente no puede ser imitada, porque en última instancia no se puede conocer. A lo sumo podemos ponernos en un estado de gratitud, reconociendo los regalos que nos ha hecho y que de ninguna manera podríamos haber creado nosotros mismos. Para esta herramienta, por lo tanto, y solo para ella, el sentimiento de gratitud en sí es la biela que te permite sentir la presencia de la fuente.

LOS BENEFICIOS SECRETOS DE CONECTAR CON LA FUENTE

Elizabeth practicaba asiduamente el flujo de gratitud y hacía progresos, pero seguía pasando demasiado tiempo dentro de la nube negra. Un día llegó con un cuarto de hora de retraso a una sesión. Normalmente se habría flagelado y habría hablado todavía más deprisa que de costumbre para no dejarse nada, pero esta vez se la veía relajada, incluso satisfecha.

—Acabo de comer con una vieja amiga a quien no había visto desde hacía años. Nos hemos puesto a hablar y, de repente, me he quedado de piedra al mirar el reloj: habían pasado dos horas... Dos horas sin preocupaciones ni estrés. Me he dado cuenta de que estaba contenta por primera vez desde que tengo memoria. —Estaba radiante—. Entonces he empezado a preocuparme por llegar tarde a la terapia y he vuelto a usar el flujo de gratitud. Me ha invadido una calma poderosa. Tenía la cabeza perfectamente despejada.

Una vez que Elizabeth aprendió a crear aquel sentimiento de calma, podía reproducirlo siempre que lo necesitaba, y desde entonces se la veía menos nerviosa y agobiada. Si surgían preocupaciones, sabía cómo dejarlas a un lado. Por primera vez en su vida experimentaba un estado de ánimo infrecuente y precioso que todos deseamos: la tranquilidad de espíritu.

En el mundo actual la tranquilidad de espíritu se le escapa a casi todo el mundo, porque la buscamos en el sitio equivocado. Creemos que nos la traerá algún éxito externo: el dinero suficiente para jubilarnos, una segunda residencia, una mujer fiel… Pero, aunque alcancemos esos objetivos, la tranquilidad de espíritu que nos aportan es efímera.

La razón es sencilla: en el mundo material siempre eres vulnerable; ganes lo que ganes, también puedes perder. Es posible que la bolsa se hunda, que una inundación se te lleve la casa, que tu mujer te abandone… Por lo tanto, para que la tranquilidad de espíritu sea duradera debe proceder de algún lugar donde siempre estés cuidado y apoyado.

Solo la conexión con la fuente puede originar una tranquilidad de espíritu duradera.

Sin embargo, para ser realmente duradera esta conexión debe ser *continuada*, es decir, no puedes dejar de trabajártela. Es algo que va en contra de nuestra intuición. Solemos imaginar la tranquilidad de espíritu como un estado de descanso, pero eso no es tranquilidad, sino pasividad, y para mantenerse conectado a la fuente hay que trabajar constantemente. La tranquilidad de espíritu es un estado activo.

Hay que trabajar mucho, pero merece la pena. Uno de los beneficios es un drástico aumento de la energía y de la motivación. La mayoría de la gente tiene una manera defectuosa de motivarse. Los motiva conseguir lo que desean (dinero, amor, estatus) porque les da la sensación de que aún no tienen bastante. Este sentimiento de carencia es un motivador poderoso, pero se paga a un precio muy alto: el de sentir constantemente que *falta algo*. Aunque logres lo que querías, rápidamente dejará de satisfacerte, lo cual te motivará para buscar otra cosa. Es una rueda esclava en la que no es posible ser feliz y que acaba absorbiendo todo el sentido y la energía de la vida.

El defecto de esta manera de motivarse es que tienes que generar tú mismo toda la energía. La alternativa es conectar con una fuente de energía mucho mayor que tú, el verdadero manantial de toda energía: la fuente. Para alimentarte de ella no puedes usar la sensación de que falta algo. De hecho, cuanto más agradecido te sientas por lo que ya tienes, más energía obtendrás de la fuente, lo cual abre la puerta a un modo de vivir completamente nuevo en el que la energía para progresar no se basa en el sufrimiento, sino en la alegría.

La conexión de Elizabeth con la fuente le confirió otro beneficio, que descubrió cuando no admitieron a su hija en la universidad que ella prefería.

—Me empecé a poner de los nervios, pero ya tengo tan asimilado el flujo de gratitud que prácticamente lo usé sin pensar. En medio de la tormenta conseguí encontrar un espacio sereno y despejado, y desde allí me sentí capaz de tranquilizarla a ella: lo importante no era la universidad a la que fuera, sino lo bien que aprovechase sus recursos. Tuve la seguridad de que le iría bien en la vida independientemente de dónde estudiase, y se lo dije. La vi muy sorprendida de que no tuviera que tranquilizarme ella a mí y fue una sensación genial para las dos.

Lo que Elizabeth había ganado era una cualidad impagable que llamamos *perspectiva*. Sin perspectiva cualquier decepción puede adueñarse del conjunto de tu vida y todo se ve oscuro, como cuando cae una gota de tinta en un vaso de agua. Hasta el menor contratiempo tiende a abrumarte. La perspectiva es saber ver lo que pasa en cada momento sin perder de vista la naturaleza perdurable y positiva de la vida, y esa conciencia solo te la da la conexión con la fuente. Si tienes perspectiva, podrás recuperarte rápidamente de una decepción, porque ves que tu vida goza de la bendición de la fuente.

Por último, una conexión continuada con la fuente te capacita para aceptar el éxito. Aunque te sorprenda, el éxito a veces paraliza: un guionista que haya ganado un Óscar puede pasarse años sin escribir. Un conocido nuestro hizo un estudio informal sobre los premios Nobel de Ciencias y descubrió que eran muy pocos los que habían hecho algún descubrimiento científico importante después de ganar el premio.

El éxito paraliza por un motivo muy sencillo: tienes la sensación de haberlo hecho todo tú solo. Irónicamente, en cuanto reivindicas todo el mérito de tu éxito también debes asumir la culpa de cualquier futuro fracaso, y eso da un miedo atroz. Te vuelve más reacio al riesgo, menos creativo, y te intimida seguir adelante con nuevas ideas y nuevos proyectos. Dependes de los logros del pasado y vives una vida «segura» y sin creatividad.

La verdad es que sin la ayuda de la fuente no conseguimos nada. Al aceptarlo, el flujo de gratitud te quita de encima la responsabilidad absoluta de lo que sucede y quedas libre de arriesgarte y ser tan creativo como puedas.

El flujo de gratitud es un reconocimiento directo de la fuente como cocreadora de todo lo que haces. Solo así puedes seguir siendo humilde en medio del éxito, lo cual, a su vez, te permite seguir siendo creativo el resto de tu vida.

PREGUNTAS MÁS HABITUALES

1. Al intentar usar el flujo de gratitud no he sentido la fuente; de hecho, no he sentido nada. ¿Qué estoy haciendo mal?

Es muy común no sentir nada en el primer momento en que se pone en práctica el flujo de gratitud. Para la mayoría de la gente el órgano de la gratitud es tan inútil como un pie que se te ha quedado dormido. El pie se debe ejercitar hasta que vuelva a funcionar y con el flujo de gratitud pasa un poco lo mismo: hay que usarlo muchas veces para despertar el sentido de la gratitud. Solo entonces podrás sentir de verdad la fuente.

Sé paciente contigo mismo. Si se te duerme un pie, al menos sabes qué sentirás cuando se te despierte, mientras que, como nunca has usado la gratitud como órgano que percibe la fuente, además de despertarla tendrás que acostumbrarte a la sensación. Tranquilo: la gratitud es un órgano real; existe dentro de todas las personas. Nunca he conocido a nadie que no pueda activarlo si se esfuerza lo suficiente.

Si no te ves capaz, limítate a elegir cinco elementos por los que te sientas agradecido. Ve despacio; se trata de que sientas plenamente tu gratitud por cada uno. Esta parte de la herramienta te proporcionará por sí sola un arma poderosa contra el pensamiento negativo.

2. Si solo me centro en sentirme siempre agradecido, tengo miedo de ignorar los problemas hasta que sea demasiado tarde para resolverlos.

No cabe duda de que hay gente que lleva gafas rosas durante toda la vida e ignora los peligros hasta que es demasiado tarde para actuar contra ellos, pero han sido así siempre. En las décadas que llevamos enseñando el flujo de gratitud nunca hemos visto a nadie a quien se le desarrolle esta característica sin llevarla ya dentro.

Incluso si fueras uno de esos ingenuos, no te aconsejaríamos la preocupación como manera de hacer frente a tus problemas. La mayoría no distinguimos entre preocuparse y resolver problemas de manera constructiva. La planificación constructiva requiere un estado de calma y objetividad, no de preocupación descontrolada, y eso solo se consigue estando conectado a la fuente. Además, el flujo de gratitud no ignora la oscuridad, sino que enseña a verla como una mancha en un campo de luz. Si niegas la oscuridad es que eres un ignorante, pero si no ves la luz que la rodea es que eres un inválido.

Y si aún estás convencido de que necesitas tus preocupaciones para no estar en peligro, te vamos a enseñar un ejercicio infalible: cada mañana dedica unos minutos a poner por escrito tus temores y todos los peligros a los que debas estar atento; todos los problemas de tu vida que temas olvidar. Ahora que los has anotado ya no tienes excusa: usa el flujo de gratitud durante el resto del día y te sorprenderá lo bien que cuidas de ti sin el flujo habitual de negras inquietudes.

3. Si agradezco todo lo que ya tengo, me volveré perezoso; ya no tendré ninguna motivación para mejorar mi vida.

Se trata de otra objeción habitual contra la gratitud. La gente teme que si está satisfecha dejará de mejorarse a sí misma. En realidad, lo que ocurre es que temen ser felices. Detrás de esta objeción hay una visión oscura y pesimista de los seres humanos: somos perezosos y solo nos vemos instigados a avanzar por las amenazas contra nuestra supervivencia. En el fondo nos motiva la adrenalina que producimos cuando tenemos miedo.

Nosotros no negamos que la adrenalina sea una fuente poderosa de energía, pero el problema es que solo es la fuente de la energía *física*. La energía física es finita por naturaleza; una vez que se agota, quedas exhausto y vacío. Era el problema de Elizabeth cuando la conocí: llegar hasta el final de un día normal le resultaba agotador.

Depender de la adrenalina para darse energía tiene otro problema: que distorsiona la perspectiva. Hay que ver lo que pasa en términos de vida o muerte. Para seguir estimulando las glándulas suprarrenales te ves obligado a buscar situaciones cada vez más arriesgadas, lo cual desemboca en todo tipo de malas decisiones.

¿No sería mejor que hubiera un sistema de energía que te mantuviese motivado pero sin dramatismo y con el que no fuera necesario ver cada acontecimiento como una cuestión de vida o muerte? De ese modo podrías ser feliz y estar motivado al mismo tiempo. A la mayoría nos parece un estado imposible, pero no lo es. Tienes a tu disposición en todo momento unas reservas infinitas de energía y no proceden de tu cuerpo, sino directamente de la fuente, y la clave para conectar con la fuente es el flujo de gratitud.

4. Cuando dices que a la fuente le importamos y que siempre trabaja en nuestro beneficio suena como si la fuente tuviera características humanas. ¿Es una manera realista de plantearlo?

Ya lo hemos dicho, pero no está de más repetirlo: la naturaleza de la fuente está muy por encima de la comprensión humana. Sin embargo, no es necesario entenderla del todo para relacionarse con ella. Atribuir características humanas a la fuente despierta emociones que nos hacen sentir la relación como algo real. A su manera, todas las religiones personifican lo divino para llegar al mismo fin.

Hemos procurado mantener la fuerza de esta relación sin que haga falta creer en ninguna filosofía o teología particular. En última instancia, no nos importa cómo caracterices a la fuente; lo esencial es que experimentes una conexión con ella. Entonces te sentirás protegido y espoleado por algo infinitamente mayor que tú, algo que te dará fuerzas renovadas cuando parezca que no te queda nada.

5. ¿Y todo lo malo que nos pasa? ¿Eso también lo causa la fuente? Y, en tal caso, ¿no significa que no siempre trabaja por nuestro bienestar?

La fuente *siempre* quiere ayudarnos; somos nosotros los que en muchos casos no lo sentimos así. La fuente ve nuestro potencial ilimitado para crear nuevas cosas, un poder creativo con el que podemos cambiar el mundo pero que el ego humano interpreta mal: solo ve la creación como un modo de demostrar su propia importancia, y para preservar esta ilusión dice crearlo todo él solo, sin ayuda, negando la propia existencia de la fuente.

Esto, además de ser una equivocación, nos impide cumplir todo nuestro potencial. Tenemos, efectivamente, la capacidad de crear de forma ilimitada, pero no creamos nada solos. Todo lo nuevo que trae la humanidad al mundo, desde un recién nacido hasta una tecnología nueva, utiliza la energía infinita de la fuente. Nuestro futuro potencial no radica en hacerlo todo nosotros mismos, sino en la capacidad de cocrear con la fuente.

La fuente nos obliga sin tregua a hacer realidad ese potencial, y eso solo puede hacerlo destruyendo la ilusión de que somos los amos del universo y la mentalidad de «por mi propia cuenta» que la acompaña. No lo hace con lógica, sino con hechos: aporta a nuestra vida acontecimientos que ni queremos ni podemos controlar, como la enfermedad, el fracaso y el rechazo. El sufrimiento que causan estos sucesos nos hace hincarnos de rodillas y no tener más remedio que admitir que no somos la fuerza más poderosa del universo, lo cual es una suerte, porque nos abre a nuestro verdadero potencial: nuestra asociación con la fuente.

Se pone así de manifiesto el sentido escondido y superior de la adversidad: incluso detrás de lo peor que nos ocurre está el trabajo de la fuente por nuestro bienestar. Cuando se lo explico a mis pacientes quieren creerlo, pero en cuanto las cosas se ponen duras de verdad pierden cualquier percepción de que su sufrimiento tiene sentido. Creen que están siendo injustamente castigados. Yo entonces los animo a mirar fuera de ellos; si lo hacen, verán una infinidad de seres humanos que sufren adversidades todavía más graves, y entre esas personas siempre habrá algunas que, aun así, conservan el optimismo y el buen humor. Son personas que parecen dotadas de una capacidad excepcional para disfrutar de la vida e irradiar buena voluntad. La adversidad no ha empañado su vida interior, sino que la ha fortalecido.

Este grupo percibe la auténtica finalidad de las adversidades y, en vez de resistirse al destino, deja que quebrante su ego. A consecuencia de ello, su conexión con la fuente se va fortaleciendo a medida que la situación empeora. Irradian luz en las más negras circunstancias. Y ninguna ha sido tan negra como la que describió Viktor Frankl en su obra maestra, *El hombre en busca de sentido* (de la que hemos hablado en el capítulo 2). Recordarás que Frankl era médico y que estuvo prisionero en cuatro campos de concentración durante el Holocausto. Despojado de su estatus, su familia y sus bienes, corriendo peligro de muerte a diario, se puso como objetivo llegar a percibir un sentido más elevado dentro de su situación, y el hecho de lograrlo creó un faro de significado superior que inspiró a las personas que lo rodeaban.

6. Decís que preocuparse es una manera supersticiosa de intentar controlar el universo. ¿Ese tipo de presuntuosidad no es una señal de narcisismo?

Hay hábitos tan universales que llamarlos «narcisistas» implica forzar el sentido de la palabra. Técnicamente, los narcisistas son presuntuosos, necesitan una admiración constante y carecen de empatía con los demás. El término pretende definir a un grupo muy concreto de personas. En cambio, los que siempre se preocupan, aunque tengan la esperanza de controlar el mundo, no lo hacen con delirios de grandeza ni buscando la admiración de nadie; se limitan a tratar de mantenerse a flote.

No hay casi nadie, desde el más jactancioso hasta el más discreto, que no sucumba a las preocupaciones. Todos llevamos muy dentro el temor de que el universo se escape del todo a nuestro control y recurrimos de una forma muy primitiva a lo único que tenemos la impresión de dominar: los pensamientos. Lo paradójico es que es justo entonces cuando nuestros pensamientos se meten en una espiral incontrolable de preocupaciones.

Solo encontraremos la serenidad cuando aceptemos que la fuente es la autora de lo que sucede en nuestra vida. Ser ambiciosos será la única forma de recuperar la perspectiva de nosotros mismos.

7. ¿Puedo identificar a la fuente con Dios?

La respuesta es sí, aunque no obligatoriamente. Nosotros le hemos dado adrede una definición que no se contradice con el credo de ninguna religión. De este modo, nuestros pacientes religiosos tienen plena libertad para identificarla con Dios. Hemos observado que, al margen de cómo conciban a Dios, el flujo de gratitud tendrá eficacia a la hora de ahuyentar los pensamientos negativos.

Por otra parte, existe un gran grupo de gente que tiene inclinaciones espirituales pero no sintoniza fácilmente con la religión organizada. En el caso de estas personas, el concepto de la fuente da nombre a una experiencia que ya han vivido pero que es posible que no hayan definido: la sensación de que todo lo da un universo benévolo. Este nuevo planteamiento intensifica su sentimiento de gratitud y el alivio de la negatividad que lo acompaña.

Hay otro grupo del que esperarías que rechazase la idea de fuente por el mero hecho de su vinculación con Dios: los ateos. Sin embargo, el ateísmo es fruto del pensamiento consciente y, al margen de lo que crea conscientemente una persona, su inconsciente ve el mundo a su manera. Fue lo que con tanto acierto reveló Carl Jung en su estudio de los sueños, la imaginería religiosa y la mitología. El inconsciente vive en un mundo de símbolos universales con más poder que la lógica. Uno de esos símbolos es la fuente. Cuando un ateo usa el flujo de gratitud su inconsciente experimenta el universo como pura donación y es lo único que necesita para conseguir la tranquilidad de espíritu.

OTROS USOS DEL FLUJO DE GRATITUD

Hay gente que no se preocupa como Elizabeth, pero eso no quiere decir que no puedan beneficiarse del recurso del flujo de gratitud. Existen otras clases de pensamiento negativo y la herramienta funciona con todas. A continuación, describo a tres pacientes, cada uno de los cuales manifestó un tipo distinto de pensamiento negativo. Los tres lograron usar el flujo de gratitud para ahuyentarlo y, para su sorpresa, los liberó de las limitaciones que se habían impuesto durante toda la vida.

El flujo de gratitud te libera de arrepentirte del pasado. *Muchos caemos en la costumbre de pensar en decisiones del pasado y echarles la culpa de todo lo malo que nos ha ocurrido desde entonces. Aparte de que la vida no es tan sencilla, este tipo de lamentos nos imposibilita avanzar hacia el futuro. Es preciso contar con una herramienta que dé un sentido renovado a las posibilidades que tenemos en el presente; solo entonces podremos dejar atrás el pasado.*

John era un divorciado de mediana edad que vivía en el pasado. De joven había tenido una serie de relaciones que siempre había cortado en cuanto empezaba a sentirse vulnerable.

—En cuanto me sentía presionado, me largaba.

Ahora se arrepentía de aquellas decisiones, convencido de que había dejado escapar a las mejores mujeres. Ya maduro, quería volver a salir con mujeres, pero al arrepentirse siempre del pasado le daba la impresión de que había gastado todas sus posibilidades. Ya no le parecía posible volver a tener pareja. Cuando acudió a mí sufría una depresión crónica.

Yo le dije que sus antiguos errores solo influirían en el futuro si seguía obsesionándose con ellos y le di instrucciones para que usara el flujo de gratitud en cuanto empezase a revivir mentalmente sus relaciones anteriores. La herramienta no se limitó a interrumpir el cúmulo de lamentos, sino que, al volver a conectarlo con la fuente, su futuro volvió a quedar lleno de posibilidades.

Como parte de ese futuro John ya podía imaginarse con una nueva pareja, y sus renovadas esperanzas le dieron el valor para volver a salir con mujeres.

El flujo de gratitud te libera de la falta de autoestima. *La falta de autoestima casi nunca tiene nada que ver con el valor real de una persona, sino que es el resultado directo de un cúmulo de pensamientos negativos acerca de uno mismo. Estos pensamientos suelen adoptar la forma de críticas a cargo de una severa voz interior que habla con tanta autoridad que no se le puede llevar la contraria. Es preciso contar con una herramienta que la haga enmudecer por completo.*

Janet acababa de licenciarse en una de las mejores universidades y se había ido a vivir a Los Ángeles para estar con su novio, por quien sentía una atracción inexplicable. Él era el típico fracasado: la humillaba en público tonteando con otras, no aportaba nada de dinero en casa y llegaba a dejarla sola varias semanas seguidas. La reacción de Janet a esas indignidades consistía en criticarse a sí misma, como si todo fuera culpa suya: no lo entendía lo suficiente, no era suficientemente guapa o enrollada... Cuanto peor la trataba su novio, más se ensañaba ella consigo misma.

Esperaba que yo la disuadiera de juzgarse con tanta severidad y se sorprendió cuando le dije que en vez de discutir con el crítico interno, lo desconectaríamos. Empezó a aprender a usar el flujo de gratitud en el mismo momento en que comenzaran los ataques, y poco tiempo después empezó a establecer una relación con la fuente. Era la primera vez en su vida que tenía la sensación de vivir en un universo que la apoyaba y la valoraba. Cuanto más repetía la experiencia, menos acertadas parecían las autocríticas. Llegada a esa fase, encontró fuerzas para plantar cara a su novio y lo acabó dejando.

Si eres un lector atento, es posible que te hayas dado cuenta de que el tema de la autocrítica también se trata en el capítulo 4. Entonces describimos la autocrítica como un ataque a la sombra y, en consecuencia, la herramienta que te enseñamos (la autoridad interior) hacía hincapié en aceptar la sombra. En este caso estamos describiendo la autocrítica como una modalidad de pensamiento de nube negra; de ahí que en este capítulo estemos enseñándote una herramienta que aborda directamente tus pensamientos.

Con el paso del tiempo verás que hay muchos problemas que se benefician del uso de más de una herramienta. De hecho, a nuestros pacientes les ha ido muy bien usar dos o hasta tres herramientas para un problema determinado. Haz caso a tu intuición y encontrarás la combinación que más te convenga.

El flujo de gratitud te impide ser excesivamente crítico con los demás. *Al juzgar a otras personas nos engañamos creyendo que lo que pensamos en privado no tiene ninguna influencia en nuestro entorno. La verdad es que las críticas, sobre todo si son duras y se repiten, transmiten al mundo una energía que nos indispone con las demás personas. La actitud contraria no se puede fingir; es necesario eliminar los propios juicios de valor.*

George era director de cine y antes de cumplir los treinta años ya tenía a sus espaldas dos éxitos de crítica. Triunfar tan pronto se le subió a la cabeza y empezó a juzgar a todas las personas con las que trabajaba: actores, técnicos y hasta productores y ejecutivos de los estudios que ponían el dinero para sus películas. Todos le parecían intelectual y creativamente inferiores, lo cual redundó en una actitud condescendiente que hacía que nadie quisiera trabajar con él. Su tercera película no funcionó bien y su carrera se vino abajo. Cuando lo conocí llevaba más de un año sin recibir ninguna oferta de trabajo y estaba totalmente desmoralizado.

Él era consciente de que tenía que dejar de juzgar a los demás, pero la sensación de «tener razón» se lo dificultaba. Yo le dije que el que sus juicios fueran ciertos o falsos no tenía importancia, pero que el mero hecho de hacerlos le perjudicaba: sus juicios negativos creaban su versión de la nube negra. Aislado de la fuente, no tenía nada que ofrecer a las personas que lo rodeaban. ¿Por qué querrían trabajar con él? Le enseñé a usar el flujo de gratitud en el mismo momento en que empezase a juzgar a otra persona, y los efectos no se limitaron a interrumpir su negatividad, sino que le proporcionaron una conexión inmediata con la fuente y su rebosante energía. Gracias a ello, su relación con los demás cambió radicalmente: la gente se daba cuenta de que recibía más de su parte, y eso los estimulaba a darle más a él.

RESUMEN DEL FLUJO DE GRATITUD

Para qué sirve la herramienta

Cuando tienes la cabeza llena de preocupaciones, desprecio hacia ti mismo o cualquier otra forma de pensamiento negativo es que se ha apoderado de ti la nube negra, que limita lo que puedes hacer con tu vida y priva a tus seres queridos de lo mejor de ti. La vida se convierte en una lucha por la supervivencia, no en el cumplimiento de una gran promesa.

Contra qué luchas

Contra el engaño inconsciente de que los pensamientos pueden controlar el universo. Como pensamos que somos indiferentes al universo, nos aferramos a la sensación de control que nos proporciona el pensamiento negativo.

Pies para usar la herramienta

1. Usa el flujo de gratitud en cuanto te acometan pensamientos negativos. Si no hay nada que los frene, no harán más que fortalecerse.
2. Usa el flujo de gratitud siempre que tus pensamientos vaguen sin rumbo: cuando te dejan en espera por teléfono, en un embotellamiento, haciendo cola en el mercado…
3. Puedes incluso incorporar la herramienta al programa del día; de este modo hay momentos específicos (despertarse, acostarse, comer) que se convierten en pies.

La herramienta en pocas palabras

1. Empieza por enumerar para ti mismo, en silencio, cosas concretas de tu vida que agradezcas, sobre todo las que normalmente darías por sentadas. También puedes incluir cosas malas que no se producen. Hazlo despacio, para sentir a fondo la gratitud que despierta cada cosa. No uses las mismas cada vez que utilices la herramienta. Deberías acusar cierto esfuerzo por la búsqueda de nuevas ideas.
2. Al cabo de unos treinta segundos, deja de pensar y céntrate en la sensación física de gratitud. Sentirás que te sale directamente del corazón. Esta energía que viertes es el flujo de gratitud.
3. Cuando te emane del corazón esta energía se te suavizará y se te abrirá el pecho. En este estado sentirás que se aproxima una presencia abrumadora, llena del poder de la entrega infinita. Habrás establecido conexión con la fuente.

La fuerza superior que usas

En el universo hay una fuerza superior a la que no solo no somos indiferentes, sino que nos creó y sigue estrechamente vinculada a nuestro bienestar. A esa fuerza superior la llamamos fuente. La experiencia de su poder avasallador disuelve cualquier negatividad, pero sin la gratitud no podemos percibir la fuente.

6

Herramienta: EL RIESGO

Fuerza superior: la fuerza de voluntad

Este libro pone en tus manos un poder especial: el de cambiar tu vida. Solo tienes que hacer una cosa: utilizar las herramientas. La recompensa será descubrir una versión mejor y más nueva de ti mismo. ¿Quién no querría eso?

Yo estaba seguro de que mis pacientes sí. Las herramientas que les daba cumplían con lo prometido: hacían de ellos personas más seguras, creativas, expresivas y valientes. Los resultados eran tan buenos que me impactó mucho lo que sucedió a continuación: casi todos los pacientes dejaron de usarlas. Me quedé estupefacto. Les había enseñado el camino hacia una nueva vida y ellos se apartaban de él sin ningún motivo válido. Hasta los más entusiastas desistían.

No presupongas que tú lo harás mejor. Mis pacientes tenían una gran ventaja sobre ti: que yo estaba cada semana encima de ellos, azuzándolos como un entrenador personal. Sin eso es incluso más probable que dejes de usar las herramientas.

Sin embargo, esto no debe desanimarte: desde entonces Phil y yo hemos ideado la manera de evitar que desistas. Ahora bien, tienes que comprender que te enfrentas a un temible adversario. Al final de este capítulo habrás entendido sus tácticas y estarás en situación de pasar al contraataque.

La mayoría de los libros de autoayuda ni siquiera tratan el tema del desistimiento. Aunque ofrezcan un programa, pecan de falta de realismo sobre lo difícil que será ceñirse a él. Nosotros ni queremos minimizar el reto que supone cambiar tu vida ni tenemos por qué. La razón es que podemos fortalecerte lo bastante para que superes la prueba.

La manera más rápida de empezar es observar qué le pasó a uno de mis pacientes. Ya te lo he presentado.

¿Te acuerdas de Vinny? Sí, el humorista que tenía tanto miedo del dolor que se escondía en los circuitos cómicos de segunda. Puedes refrescar la memoria con un rápido vistazo al capítulo 2. Seré sincero: al escribirlo me dejé algunas partes de la historia, momentos negros en que no avanzábamos nada y en que Vinny estuvo en un tris de dejarlo. Si hubiera incluido esos momentos, el capítulo sería el triple de largo, pero es importante que comprendas el calvario de Vinny porque tendrás que pasar por tu propia versión de sus esfuerzos.

Vinny odiaba cualquier tipo de dolor, pero ninguno tanto como sentirse vulnerable en público. Por eso evitaba a cualquier persona que pudiera ayudarlo. Se negaba a hacer pruebas e incluso a hablar con la gente que le ofrecía esa oportunidad. Ocultaba sus miedos con un sentido del humor burlón del que los demás se cansaban muy pronto.

Usando la inversión del deseo aprendió a dominar su huida del dolor y empezó a acudir puntualmente a las reuniones, preparado y respetuoso. Al cabo de poco tiempo ya había entablado relaciones profesionales con personas que tenían poder para ayudarlo y que le abrieron las puertas de los mejores clubes. Un día le dieron la oportunidad de hacer una prueba para una nueva serie de televisión de la que se hablaba mucho. Era su gran sueño, pero también su máximo temor, porque lo ponía en situación de vulnerabilidad.

Tuvo que someterse a varias pruebas de gran exigencia, pero usó la inversión del deseo con más disciplina aún que antes y gracias a ello superó sus miedos y, para su sorpresa, consiguió el papel. Ya tenía un puente al futuro que ansiaba; solo tenía que cruzarlo. Si sus miedos volvían, disponía de la inversión del deseo para no salirse del camino.

A los pocos días de que le dieran el papel lo vi en mi consulta, y en cuestión de minutos me quedó claro que no cruzaría el puente, sino que se arrojaría desde él. Cuando le dije que necesitaría un plan realista para soportar las presiones de la nueva situación fue como si no me oyera; se embarcó en una perorata autosatisfecha sobre todos los famosos a quienes estaba conociendo y lo divertido que les parecía a todos. Tuve la clara sensación de que Vinny había cambiado la realidad por un mundo mágico donde podían cumplirse todos sus deseos.

Mis alarmas mentales empezaron a dispararse.

—Vinny, estás en el momento en que la gente se autodestruye. En cuanto prueban el éxito, dejan de trabajar en sí mismos. Pero la realidad no ha cambiado; necesitan las herramientas más que nunca.

—Mira, doctor —replicó él con frialdad—, voy a ser una estrella. ¿Tú has visto cómo trata el mundo a las estrellas? A partir de ahora me vendrá todo rodado.

Después de tantos años trabajando con famosos, yo ya sabía que lo que decía era absurdo. Las rupturas de pareja, los problemas con los hijos, las enfermedades, el acoso, la edad, las malas críticas y los representantes ladrones no son más que algunos de los problemas a los que se enfrentan. Los que son listos saben que el éxito no los protegerá y ponen todo su empeño en la terapia, especialmente en las herramientas.

Vinny no era de los listos. Él necesitaba un ejemplo de un problema con el que pudiera identificarse.

—¿Y si en alguno de los guiones tu personaje no hace reír? Te recuerdo que te verán millones de personas.

Hizo un gesto despectivo con la mano.

—Soy demasiado importante en la serie para que me hagan quedar mal. ¡El mes que viene publican dos artículos sobre mí!

No sospechaba hasta qué punto era prescindible, y así, en su feliz ignorancia, convirtió su vida en una incesante celebración de sus engaños. Su primer acto oficial fue dejar de utilizar la inversión del deseo. Era como si el Llanero Solitario le hubiera pegado un tiro a su fiel caballo Silver. Sin la inversión del deseo, las costumbres adultas recién adoptadas desaparecieron. Ya no quedaba ni rastro del Vinny que trabajaba cada día con su material, que hacía ejercicio físico y que vivía en una casa limpia.

Pero desde luego la casa no estaba vacía: cada noche se reunía en ella su antiguo grupo de lameculos. Vinny, cegado por los porros, la cerveza y la adulación barata, recreó su zona de confort. A veces invitaba a un famoso de cuarta como toque de «clase» (señal de lo flipado que estaba).

Ahora bien, tenía que seguir saliendo por la tele, y la creadora de la serie tenía la inexplicable manía de querer que los actores dijeran lo que indicaba el guion que se les había escrito, lo cual significaba aprendérselo. Vinny se quejó.

—¿Y qué más da que improvise? Es como me gano la vida. Ella, si no fuera una aficionada, le sacaría partido.

El problema, con todo, no era de la «aficionada», sino de Vinny. Memorizar diálogos no era divertido; él consideraba que era una de esas cosas de las que las estrellas pueden librarse. Su jefa no se mostró comprensiva: el día que Vinny se presentó con resaca e intentó improvisar toda una escena le leyó la cartilla.

A partir de ahí todo fue cuesta abajo. Llegaba tarde al trabajo y se mostraba grosero y sin ganas de colaborar. Los otros actores empezaron a hacerle el vacío. Yo le advertí que si no maduraba y seguía sin usar la inversión del deseo, las cosas acabarían mal, lo cual provocó ciertas fricciones entre ambos (si se puede llamar fricción a que me llamara «fracasado» a gritos). Vinny empezó a faltar a nuestras sesiones y al final dejó la terapia. En cuanto a eso, yo no podía hacer nada. Ya hacía tiempo que Vinny no me hacía caso.

¿CREES EN LA MAGIA?

Era evidente que Vinny había desistido de sí mismo. Lo mismo hizo la mayoría de los demás pacientes, aunque no de manera tan flagrante: a pesar de que seguían con la terapia, se convencían, como Vinny, de que no pasaba nada por dejar de usar las herramientas. La verdad, no obstante, era otra: se estaban saboteando a sí mismos, como Vinny. Y no tengo reparos en predecir que tú te verás exactamente en la misma situación: probarás las herramientas y te encantarán sus efectos, pero aun así dejarás de utilizarlas.

¿Cómo puede ser este un fenómeno tan generalizado? La respuesta es que nuestra cultura tiene una visión irreal de lo que significa ser humano. Nos gusta considerarnos productos acabados, completos, cuando no lo somos. Para serlo debemos mantener la conexión con algo situado más allá de nuestra persona. El esfuerzo constante que se necesita entraña que ningún ser humano pueda ser más que una obra en marcha.

Imagina tu cerebro como un televisor de pantalla plana que acabas de comprarte, lo último de lo último. Lo sacas de la caja, emocionado, y resulta que no funciona: se ha soltado una conexión eléctrica. No venden recambios. Tendrás que arreglarla tú. Lo peor es que la conexión se seguirá soltando y tendrás que ajustarla cada día. Pero la conexión suelta que tienes en la cabeza no está enchufada a la electricidad, sino a las fuerzas superiores, y cada vez que falle aparecerá uno de tus problemas personales. Las herramientas reparan la conexión; por eso funcionan. Sin embargo, la conexión nunca dura mucho: tarde o temprano volverá a estropearse.

Así pues, utilizar las herramientas es un trabajo que no se acaba nunca.

Esto es algo que te enseña humildad. Aparte de que no depende de nosotros, tendremos que hacerlo el resto de nuestra vida. Un gran ejemplo de lo difícil que es aceptarlo fue una de mis pacientes, que un par de semanas después de mudarse a la casa de sus sueños, recién construida, llegó a mi consulta llorando a lágrima viva. Ya odiaba su cocina, pero no en el sentido en que estás pensando. Cada noche, después de la cena, dejaba impolutos los platos y las encimeras.

—Nada más acabar, me entra una rabia... Mi marido picotea algo a última hora de la noche y lo deja todo lleno de migas. Por la mañana mi hija de dos años tira la compota a la pared. ¿Por qué me molesto en limpiar si siempre está sucio?

Pero ¿y si hubiera una manera de no tener que ser tan esclava? Suena a reclamo de teletienda de madrugada, con la diferencia de que esto es serio. Todos tenemos la fantasía de «algo mágico» (relación de pareja, trabajo, éxito o pertenencia) que nos aparte de la monotonía de la vida real. Si se aplica a las tareas domésticas, puede ser la fantasía de una cocina que se limpie sola, pero si se aplica a los seres humanos es la de no seguir necesitando fuerzas superiores que nos completen. Así no necesitaríamos las herramientas para nada.

En el caso de Vinny ese «algo mágico» era la fama. Ya la tenía; se acabó, pues, el tener que sufrir. De hecho, debería haber dejado atrás cualquier tipo de penalidad.

Si Vinny tenía alguna religión, era esa: él no buscaba el paraíso, solo que todo le fuera rodado. En sus propias palabras, «es lo que quería desde que era pequeño y mi padre me pegaba por tener un sueño. Yo he cumplido mi parte y ahora recibo la recompensa».

Y la recompensa tenía un nombre. A esta fantasía de una vida sin esfuerzos ni exigencias Phil la llamaba «exención», en el sentido de ser eximido de una tarea o de una obligación. En este caso, se refería a la mayor obligación de todas: esforzarse durante el resto de su vida.

En el fondo todos anhelamos algo mágico que nos exima, ya sea dinero, un premio, un hijo triunfador, que tus amigos te vean como un tío enrollado, etcétera. Haz una pausa y averigua de qué se trata en tu caso. El qué no importa, ni si es algo grande o pequeño; basta con que no te engañes. Después pon en práctica el siguiente ejercicio:

> Fantasea con que consigues ese «algo mágico» y que, efectivamente, te libera de cualquier penuria. Siéntelo un momento. A continuación, imagínate que solo era una fantasía. ¿Cómo te sientes al saber que nunca podrás escapar de las penurias de la vida?

Ahora ya sabes por qué todos los pacientes dejan de usar las herramientas. No les bastaba con que mejorasen todos los aspectos de su vida; querían lo que las herramientas no podían aportarles: una pastilla mágica que los eximiese de las penalidades. Espiritualmente seguían en la infancia.

EL PRECIO DE LA EXENCIÓN

La inmadurez espiritual tiene una penalización.

Después de que Vinny abandonase la terapia pasé unos cuantos meses sin verlo, hasta que un día, al volver de comer, salí del ascensor en mi planta y alguien me cogió. Al principio pensé que me estaban atracando, pero no tardé en darme cuenta de que se abrazaban a mí como a un clavo ardiendo.

Después oí los sollozos.

Era Vinny, y yo nunca lo había visto así: con la cara muy roja, los ojos irritados y llorando a mares. Nunca olvidaré aquella mirada; me llegó al alma. No le salían las palabras, así que lo llevé a la consulta y cerré con llave.

—Me han despedido. —Volvió a mirarme de la misma manera—. ¿Por qué no te hice caso?

Yo le dije que teníamos que ponernos manos a la obra, que solo estaba pasando por otro tipo de dolor y que la inversión del deseo seguiría funcionando. (Para revisar cómo funciona esta herramienta con cosas que ya han ocurrido lee el capítulo 2.) Le dije que se fuera a casa a asearse y le di instrucciones para que usase la herramienta sin parar hasta que pudiéramos vernos.

La siguiente vez que lo vi estaba un poco mejor, pero no había usado ni una sola vez la inversión del deseo.

—Vinny, en esta situación el tiempo es básico. Estoy intentando salvarte del máximo castigo.

—Eso ya lo tienes perdido, doctor.

Él creía que no podía perder nada peor que su carrera. En muy poco tiempo, efectivamente, había pasado de ser un actor cómico prometedor, con una plataforma perfecta para ir ascendiendo dentro de la profesión, a convertirse en un paria incontratable. Era una caída espectacular. Sin embargo, cuando volví a presionarlo para que usase la inversión del deseo su respuesta puso de manifiesto cuál era el máximo castigo.

—No lo pillas, doctor; si es que casi no puedo ni salir de la cama.

Vinny había caído en un pozo negro y lo único que podía ayudarlo a salir eran las herramientas; sin embargo, estaba demasiado desmoralizado para usarlas. Quedarse sin trabajo solo era un hecho externo. El auténtico perjuicio ocurre cuando nos desmoralizamos de forma permanente y dejamos de esforzarnos; es entonces cuando lo perdemos todo y ya no tenemos futuro.

Yo sabía muy bien lo que era desmoralizarse. También a mí me había traicionado mi plan mágico, igual que a Vinny. A los diez años empecé a estudiar como una bestia con el objetivo de entrar en Harvard. Saqué todas las matrículas de honor que pude y completé el mayor número de optativas posible; estudié tanto, de hecho, que no solo entré en Harvard, sino que me permitieron saltarme el curso introductorio. Estaba eufórico. Sin embargo, al llegar a Harvard y darme cuenta de la verdad (que aún tenía que estudiar más) me vine abajo. A duras penas aprobé el primer año.

La desmoralización se extiende a toda nuestra cultura. No falta ninguno de sus síntomas: nos encanta el subidón de adrenalina del sexo barato y la violencia gratuita; evitamos la auténtica resolución de problemas, preferimos marcar puntos contra nuestros adversarios y hemos perdido la esperanza en el futuro. Es el gran precio que pagamos por habernos permitido fantasías infantiles.

La exención es imposible, tanto para el individuo como para la sociedad; es una falsa esperanza que, al quedar hecha trizas, nos hunde la moral. Se trata de una ley ineludible: la exención siempre acaba en desmoralización.

Hay un camino que puede sacarnos de este embrollo, pero también existe un enemigo resuelto a evitar a toda costa que lo sigamos. Nos ataca en todas nuestras horas de vigilia: cuando vemos la tele, cuando navegamos por internet, cuando leemos una revista, cuando conducimos y, sobre todo, cuando penetramos en el oscuro sanctasanctórum de su poder: el centro comercial.

FANTASÍA EN VENTA

Ese enemigo se llama consumismo. Nos habla a través de anuncios, promociones, logos, vallas publicitarias, etcétera, y el mensaje subyacente es siempre el mismo: hay algo que debes tener. Nosotros, indefensos, nos sentimos obligados a adquirir siempre más cosas, pero no las disfrutamos durante mucho tiempo; una vez que las tenemos, nos fijamos en otras.

Inevitablemente el consumismo se inmiscuye en todas nuestras actividades, no solo en las compras. Consumimos experiencias vitales de la misma manera que consumimos iPhones, vaqueros y coches. Una determinada canción, idea o amistad es nueva y distinta hasta que deja de serlo; después prescindimos de ella y pasamos a la siguiente. El consumismo se ha convertido en nuestro modo de vida. Lo accesorio se impone a lo fundamental.

Aunque le disgustara reconocerlo, Vinny era tan vulnerable al consumismo como todos. Cuando usaba las herramientas su objetivo era externo: hacerse famoso. Eran muletas que necesitaba para llegar a aquella meta y de las que después se desprendió.

Tú no eres más inmune que Vinny al consumismo; de hecho, es probable que ahora mismo te tenga en su poder. Si no me crees, analiza con franqueza tu manera de leer el libro. Como consumidor, lo leerás deprisa y superficialmente, con la esperanza de que sea la respuesta que buscabas. Querrás que actúe como una pastilla, aunque no lo reconozcas: basta con tragar, sin necesidad de ningún otro esfuerzo.

Este libro está pensado para cambiarte la vida, pero no es una pastilla, sino un plan de acción. Si lo lees como un consumidor, mejor no lo leas. El cambio solo se produce mediante el uso constante de las herramientas. Aunque leas algo que te incite a usarlas, tu voluntad pronto flaqueará y desistirás. Es como aquel viejo chiste: «Cuando me entran ganas de trabajar, me acuesto hasta que se me pasan». La diferencia es que no tiene gracia.

El consumismo intenta compensar su pereza atiborrándose de nueva información: la tele, los pódcast, las búsquedas en internet, los whatsapps, los emails, etcétera, pero en el fondo no se digiere nada, como cuando se come demasiado deprisa. Una vez, en un seminario, conocí a una mujer que me dijo que en el último mes había leído setenta y cinco libros sobre espiritualidad. ¿Cómo podía captar el significado de un libro si ya estaba consumiendo el próximo? Intentar consumir espiritualidad es como comprarse varios GPS para el coche y no aprender a usar ninguno.

A pesar de lo obvia que es la presencia del consumismo en nuestra vida, seguimos sin poder resistirnos. De hecho, su poder se basa en algo saludable: tenemos el deseo natural de una relación tan fuerte con las fuerzas superiores que nunca se pueda erradicar. El consumismo encauza ese deseo en un sentido erróneo al convencernos de que las fuerzas superiores existen dentro de algo mágico; así, una vez obtenido ese algo, las fuerzas mágicas nos pertenecerán, sin que haga falta establecer una relación con ellas. Esta «búsqueda del tesoro» es perseguir lo imposible. Sin embargo, en vez de admitirlo buscamos sin parar el siguiente «algo mágico».

Esta búsqueda mal dirigida de la magia nos rodea a todas horas y se trasluce en la conducta de los consumidores, aunque lo nieguen: van en pos de algo (un nuevo cónyuge, un nuevo vestuario, una nueva afición) con unas expectativas tremendas que, al no cumplirse nunca, solo les sirven para empecinarse más en su búsqueda. La próxima vez que veas a un grupo de compradores que se disputan a codazos las rebajas de unos grandes almacenes piensa que estás presenciando una búsqueda de magia cósmica. Esto debería alejarte de las rebajas durante un tiempo.

Sin embargo, no serás libre de verdad hasta que hayas destruido cualquier esperanza de magia.

FUERZA SUPERIOR: LA FUERZA DE VOLUNTAD

Las esperanzas destruidas no tienen ninguna gracia. Vinny tardó un poco en verlas como algo más que un desastre. Durante el primer mes después de su reincorporación a la terapia cada nueva sesión fue una mezcla de peleas y arengas para subirle la moral. Tuve que convencerlo de que la única manera de volver a la vida era conectar con las fuerzas superiores… y luego seguir conectado. Nunca llegaría el momento en que las herramientas fueran cosa del pasado. La primera vez que lo entendió se quedó sentado como si lo hubieran condenado a cadena perpetua. Yo intenté sacarlo de su abatimiento.

—¿Qué piensas, Vinny?

—Antes soñaba con tener mi propio programa, pero ahora mi futuro se limita a usar las herramientas.

—Es un buen primer paso. Hace un mes pensabas que no tenías futuro.

Al final se convenció de que aquel humilde proceso era la única manera de salvarse. (Por repetírselo, en todo caso, no quedó.) Aun así, siguió habiendo momentos —muchos— en los que no lograba usar las herramientas. La diferencia es que ahora sí quería, y por eso se desesperaba aún más cuando no podía hacerlo. Es una experiencia desorientadora; a todos nos gusta la idea de tener un control racional sobre nosotros mismos y poder hacer lo que decidimos que nos conviene.

Vinny no tuvo más remedio que admitir que no era tan fácil.

—No soy capaz de seguir mis propias instrucciones. Falta algo… Espero que sepas qué —dijo afectado.

Sí, yo lo sabía, pero quería que él sintiera la respuesta.

—¿Cuál es la reaparición más espectacular que has visto?

—Fue en un combate de boxeo. ¿Cuenta?

—Perfecto. ¿Qué pasó?

—Era uno que combatía en una categoría de peso superior a la suya pero que iba aguantando. En el último asalto le pegaron un directo tremendo en la barbilla. Se quedó en la lona como si estuviera muerto. Luego, a la de seis, aunque parezca una locura, revivió de golpe, como si hubiera encendido un interruptor. El muy hijo de puta se levantó y acabó el combate. Terminaron empatados. Es el mejor combate que he visto.

—Vale, pues cierra los ojos e imagínate el momento en que apretó el interruptor. ¿Qué ves que pasa dentro de él?

—Estaba todo oscuro y de repente hubo un chispazo.

—Acabas de ver lo que te falta.

—¿Ya está? ¿Eso me salvará? ¿Un chispazo de mierda?

—El «chispazo de mierda» es lo único que puede salvarte. Fue lo que resucitó al boxeador. ¿Sabes cómo lo llamamos? —Se quedó callado, para variar—. Se llama fuerza de voluntad.

No era la revelación que Vinny ansiaba. Su reacción fue como si hubiera pagado un Rolex falso al precio de uno de verdad. Lo cierto es que la fuerza de voluntad de Vinny, como la de la mayoría de la gente, se formó en tercero de primaria. No tenía ni idea de lo que era la auténtica fuerza de voluntad, y menos aún de cómo fomentarla.

Pocas personas son ajenas a la sensación de que podrían usar más la fuerza de voluntad (normalmente, mucho más). Es a lo que recurrimos cuando tenemos que hacer algo difícil o desagradable: ejercicio, cuadrar las cuentas o incluso levantarnos por la mañana. También la invocamos para reprimir impulsos nocivos, como comer demasiado o tomar drogas.

En esas situaciones el mundo que te rodea no puede ayudarte; de hecho, tienes que actuar en contra de él. Necesitas una fuerza que puedas generar completamente desde tu interior. La cultura occidental la representa como una luz que aparece en la oscuridad, como caída del cielo. Es el chispazo que vio Vinny.

Cuando Vinny no era «capaz de seguir sus propias instrucciones» para usar las herramientas, lo que le faltaba era el chispazo de la fuerza de voluntad. Sin él habría acabado desistiendo por segunda vez y de nada habría servido la terapia. Al ser algo que se repite en tantos de nuestros pacientes, hemos desarrollado una manera de fortalecerlo. Hasta los más propensos a desistir pueden llegar a tener fuerza de voluntad en un grado que ni se imaginaban.

Esto es algo que aceptan muy pocos modelos del crecimiento humano. En vez de enseñarte a tener fuerza de voluntad, fingen que es fácil cambiar de vida. Pues no. Nuestro planteamiento está en las antípodas de esa postura: nosotros te decimos la verdad sobre lo difícil que será y te daremos la fortaleza necesaria para estar a la altura del desafío. Para eso hay que aumentar tu fuerza de voluntad, que es el efecto que tiene la quinta herramienta. En cierto sentido, es la más importante, la que garantiza que sigas usando las demás. Poco importará lo eficaces que sean las otras cuatro si no las utilizas.

Es posible que como lector hayas percibido una contradicción. Las cuatro herramientas que hemos presentado hasta el momento sacan su extraordinario poder del recurso a fuerzas superiores que ya existen previamente. En cambio, hemos definido la fuerza de voluntad como algo que no existe si no lo generas tú mismo. ¿Puede seguir siendo una fuerza superior? Sí, pero hay algo más que la diferencia de las cuatro que ya hemos descrito.

Estas últimas son dones que recibimos. La fuerza de voluntad, en cambio, no. Los seres humanos participan en su creación. El universo también está implicado, pero solo en la medida en que aporta el contexto en que los seres humanos la desarrollarán. Volviendo a la imagen del boxeador de Vinny, el universo aportó la oscuridad. Por suerte, la mayoría no somos boxeadores tirados en la lona. Nuestra oscuridad aparece en momentos en que estamos totalmente desmoralizados y queremos rendirnos.

Cuesta entender que la oscuridad es un don. Sin ella nos sería imposible descubrir nuestro propio chispazo interno. Es justamente cuando estamos desmoralizados cuando el universo se convierte en nuestro colaborador. De hecho, la desmoralización es nuestro momento más sagrado, pero solo si sabemos qué hacer con ella. Por eso necesitamos una quinta herramienta.

HERRAMIENTA: EL RIESGO

Necesitamos una herramienta que genere el chispazo de fuerza de voluntad que hizo levantarse de la lona al boxeador y que te hará falta a ti para sobrellevar los momentos más negros de desesperación. Ese chispazo es algo más que la determinación de hacer algo en el futuro (no hay más que recordar tus buenos propósitos del último Año Nuevo); la herramienta tiene que impulsarte a actuar ahora mismo. No hay medias tintas: o Vinny usaba las herramientas o no las usaba.

Actuar ahora mismo conlleva una sensación de urgencia, y la urgencia es incómoda; solo la sentimos cuando nos arriesgamos a perder algo importante: un trabajo, una pareja, la integridad física... Ante la inminencia de un recital que puede hacer peligrar su reputación, un músico practica el doble. Ante la posibilidad de que una presentación de negocios ponga en jaque el ascenso de un ejecutivo, este pasa la noche en vela, preparándose. A partir de ahora, en aras de la brevedad, a este tipo de situación lo llamaremos simplemente «riesgo». Desencadena una explosión de energía que no se puede conseguir de ninguna otra manera.

Sobre el poder del riesgo recibí yo una lección inolvidable cuando estudiaba para ejercer como abogado en California. El examen de admisión dura tres días y es un suplicio. Más de la mitad de los candidatos suspenden y yo no quería ser uno de ellos. Me pasé varios meses sin hacer nada más que estudiar, rodeado de cajas de pizza amontonadas. Nunca he estado tan alerta ni tan concentrado. Vivía con miedo (pavor, más bien) a que me hundiera alguna minucia legal que se me hubiera descuidado atender. Tenía la sensación de que cualquier momento era crucial. Recuerdo haber pensado que si pudiera concentrarme siempre así, sería capaz de todo.

Si me sentía tan fuerte era porque, por primera vez en la vida, había aceptado que el tiempo es limitado. No podía permitirme desperdiciarlo rumiando sobre el pasado o fantaseando sobre el futuro. Lo único importante era lo que hacía en aquel momento.

Para la mayoría de las personas, la verdad (que cada momento cuenta) ejerce una presión insoportable. Implicaría darlo siempre todo y preferimos estar cómodos hasta que algún plazo nos obligue a actuar. Pero los plazos pasan y la fuerza de voluntad que despertaron desaparece. Nada más aprobar el examen para ejercer de abogado también pasó la sensación de riesgo. Volví a mi ritmo de vida pasivo de siempre y a salir de fiesta cada noche, hasta que caí en una depresión. Como la mayoría de la gente, suponía que el mundo era así.

Cuando conocí a Phil me convenció de que podía ser mejor, y dijo algo que nunca se me había ocurrido:

—La auténtica fuerza de voluntad no puede depender de los acontecimientos; tiene que estar por encima de ellos.

No acabé de entenderlo.

—¿No son los acontecimientos los que te ponen en peligro?

—Los acontecimientos son pasajeros. Tienes que buscar una fuente permanente de riesgo, y solo hay una cosa que siempre corres el riesgo de perder.

—¿Cuál?

—Tu futuro.

La mayoría de la gente no concibe el futuro como algo que pueda perder, pero si empleas las herramientas con regularidad, la cosa cambia. Su uso no solo te permite superar los problemas en el presente, sino que cambia en quién te conviertes en el futuro. Seas novelista, empresario o padre, adquieres una habilidad que nunca habías tenido: pasas a intervenir en la conformación de tu futuro. Con acceso a las fuerzas superiores, tu potencial no tiene límites.

Si persistes en usar las herramientas, tu futuro será un potencial ilimitado, pero no es algo automático: solo con que dejes de usarlas tu potencial se destruirá. De ese modo hay más en juego. Tu futuro está siempre en jaque, lo cual genera una urgencia brutal y la fuerza de voluntad que la acompaña. El castigo por no usar las herramientas es mucho mayor de lo que estamos dispuestos a admitir. En el caso de Vinny, quise que percibiera la gravedad de dicho castigo.

Le hice cerrar los ojos e imaginarse que, derrotado por su propia desmoralización, no volvía a usar jamás las herramientas.

—¿Cómo sería tu vida dentro de unos años?

Enseguida apareció una imagen que le arrancó una mueca.

—Soy un desecho de ciento cincuenta kilos tirado en una cama que lleva revuelta desde la prehistoria... ¡Dios mío! —Algo lo había asustado—. ¡Vivo en casa de mi madre!

No era ningún chiste, sino un desastre humillante. Esta vez no pudo recurrir al viejo truco de echarme a mí la culpa de las cosas malas, pues la imagen había brotado por sí sola de su inconsciente. Por primera vez en la vida vio lo que se jugaba. Lo que le saliera por la boca no tenía importancia; solo la acción podía salvarlo. O usaba las herramientas o no las usaba.

Todos tenemos nuestra propia versión de un futuro desolado e, independientemente de cuál sea la tuya, el dolor y el arrepentimiento que provoca es enorme. Para evitar que desistas de las herramientas necesitarás una manera de ser siempre consciente de lo que está en juego. Es lo que hace la quinta herramienta. Esta conciencia crea la urgencia que desencadena una fuerza de voluntad inquebrantable.

Como la herramienta se basa en el peligro de perder tu futuro, la hemos llamado «riesgo». En cierto sentido, es la más importante; es tu póliza de seguros contra la renuncia a las otras cuatro.

Para entender cómo funciona el riesgo elige una de las herramientas básicas de los capítulos 2, 3, 4 y 5, la que te parezca más importante para tu crecimiento personal. Después lee con cuidado todo lo concerniente a la herramienta del riesgo antes de probarla por tu cuenta.

El riesgo

Imagínate que puedes ver el futuro lejano. Te ves en tu lecho de muerte. Tu yo más viejo sabe lo crucial que es el presente, porque el suyo se ha agotado. Lo ves levantarse de la cama y lo oyes gritarte que no malgastes el momento. Sientes un profundo y oculto temor a haber dilapidado tu vida y, a consecuencia de ello, experimentas la acuciante presión de usar ahora mismo la herramienta básica que has elegido antes.

Hay pacientes que al principio se molestan cuando les pido que contemplen su último momento en este mundo, pero es la perspectiva que crea la mayor sensación de urgencia. La muerte es el recordatorio más poderoso de que los momentos de la vida humana son finitos; de ahí que el que se esté viviendo tenga un valor incalculable. El efecto estimulante de estar cerca de la muerte lo describió con elocuencia el escritor británico del siglo XVIII Samuel Johnson, que dijo: «Cuando un hombre sabe que lo ahorcarán dentro de dos semanas es prodigiosa la concentración mental que adquiere».

A menos que te encuentres ahora mismo en el corredor de la muerte, no es probable que este tipo de enfoque inexorable forme parte de tu experiencia cotidiana, y más vale que sea así. Pero en el fondo la mayoría vivimos con el temor oculto de estar malgastando la vida. Sin embargo, la increíble cantidad de distracciones que nos brinda el consumismo encubre ese miedo. Usar la herramienta del riesgo penetra en nuestra ceguera y convierte el miedo en urgencia para actuar. Esta urgencia, a su vez, prende el chispazo de la fuerza de voluntad.

No hay ningún momento en el que no necesites el chispazo. Por eso dijo Phil que necesitábamos «una fuente permanente de riesgo», que es lo que proporciona el punto de vista del lecho de muerte, al margen de tu situación externa. Permite crear fuerza de voluntad en cualquier momento.

El siguiente dibujo muestra el proceso de creación de la fuerza de voluntad.

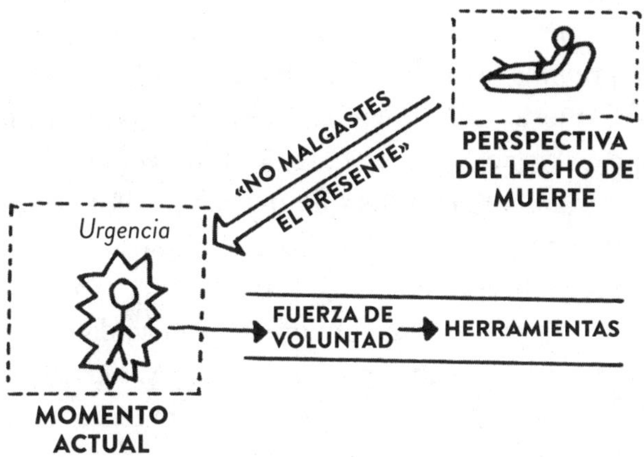

La figura en la parte superior derecha te representa a ti en el lecho de muerte. Es mucho más consciente que tú de que el tiempo es limitado. La advertencia que te hace está simbolizada por la flecha: «No malgastes el presente». La figura de dentro del recuadro con la etiqueta «Momento actual» eres tú ahora. La línea en zigzag que te rodea representa la presión acuciante de aprovechar el momento actual antes de que pase. Esta urgencia es lo que genera la fuerza de voluntad necesaria para usar las herramientas. Mientras seas consciente de esta advertencia tendrás fuerza de voluntad para usar una y otra vez las herramientas y estarás dando forma al camino que te conducirá a un futuro más amplio.

CUÁNDO USAR EL RIESGO

Si bien el riesgo es eficaz en cualquier ocasión, hay algunos momentos en los que resulta más crucial que nunca. Identificarlos te ayudará a reconocer los pies para usar la herramienta.

Vinny nos ha dado un magnífico ejemplo del primer pie. Él quería utilizar las herramientas, pero no podía porque estaba completamente desmoralizado. Todos tenemos momentos en los que queremos usar las herramientas pero no podemos hacerlo. Quizá no estemos tan desmoralizados como lo estaba Vinny; quizá lo achaquemos a la pereza o al agotamiento, pero da lo mismo: una vez que te resulte imposible usar las herramientas, lo único que podrá ayudarte es un suplemento de fuerza de voluntad. Es el pie para usar el riesgo.

Vinny también ha tenido la bondad de ejemplificar el segundo pie, menos obvio que el primero. Tiene que ver con el éxito. Al igual que Vinny, confundimos este último con que se nos exima de seguir esforzándonos. Nos decimos que ya no es necesario ejercer la fuerza de voluntad, pero, por muy bien que nos sintamos, si el éxito se convierte en una excusa para dejar de usar las herramientas, destruirá nuestro futuro. Es lo que define el segundo pie. Cualquier momento en el que tengamos la sensación de haber superado la necesidad de las herramientas es un pie inmediato para usar el riesgo.

Nuestra tendencia a desistir no se limita, como es obvio, a las herramientas. Desistimos de dietas, de programas de ejercicio físico, de escribir libros de autoayuda, de relaciones de pareja, etcétera. Lo que se necesita en todas esas situaciones es más fuerza de voluntad. En tales casos el riesgo funciona igual de bien que en lograr que uses las herramientas, así que considéralo un tercer pie. Cada vez que pierdas la voluntad de persistir en facetas de la vida que sean importantes para ti el riesgo será tu amigo.

La fuerza de voluntad es el eslabón perdido en el cumplimiento del potencial humano. Al ser tan crucial, descubrirás muchas más situaciones en las que te hace falta. Prueba a usar el riesgo en los momentos de la vida cotidiana en los que tiendes a quedarte sin voluntad: levantarte por la mañana, concentrarte ante las distracciones o frenar el impulso de ceder a una mala costumbre. También da buen resultado en los momentos de exaltación en los que te gustaría encauzar tu vida por nuevos derroteros. Puede ser el deseo de escribir un libro, de montar una empresa o de cambiar de ciudad: fantaseas con ello sin parar, pero ni siquiera das el primer paso. Son otros usos del riesgo en los que profundizaremos al final de este capítulo.

El riesgo es más que una herramienta: es un modelo para una vida plena. Paradójicamente, logras esto último relacionándote con la versión de ti que está en el lecho de muerte. Sabedora de lo que es que se te acabe el tiempo, esta versión de ti posee la sabiduría que necesitas en cada momento. Invítala a entrar en tu conciencia, siente cómo te mira a todas horas y recibe con los brazos abiertos la presión a la que te somete. De este modo irás viento en popa por la vida.

EL BENEFICIO SECRETO DE LA FUERZA DE VOLUNTAD

Vinny sintió la primera brisa en cuanto empezó a usar el riesgo.

Irrumpió en una sesión y me dijo que había vuelto a trabajar. Estaba actuando en un club muy pequeño de Pasadena, pero yo nunca lo había visto tan entusiasmado.

—No es como las otras veces. Me da igual que no vengan peces gordos; me da igual hasta la respuesta del público. Antes habría hecho lo justo para que me saliera bien y luego me habría acomodado. Ahora solo quiero que salga cada vez mejor.

Nada más oírlo supe que había pasado algo importante. Era fantástico que Vinny volviera a trabajar, pero se trataba de algo mucho más profundo: el primer paso de gigante que lo alejaba de la vida superficial del consumidor y lo acercaba a una forma de ser completamente nueva. Se había convertido en un «creador».

El consumidor espera recompensa hasta por el menor esfuerzo (y si es sin esforzarse, aún mejor); solo le importa lo que recibe del mundo, no lo que él puede aportar. Al vivir en la superficie y saltar de una cosa a la otra, su energía se diluye, como la leche derramada en una mesa. No tiene ninguna incidencia en el mundo. Cuando su momento pasa es como si no hubiera vivido.

El creador no acepta ese destino. Cuando hace algo siempre es con la intención de incidir en el mundo. Se lo garantiza su código:

No acepta el mundo tal como lo encuentra; le aporta cosas que no estaban allí.

No sigue al rebaño; se marca su propio rumbo. Ignora las reacciones de los demás.

Resiste las distracciones superficiales. Nunca pierde de vista sus objetivos, aunque deba sacrificar la gratificación inmediata.

Este código puede seguirlo cualquiera, pero muy pocos lo hacemos. Supone poner la vida al servicio de fuerzas superiores, que no se encuentran en la superficie de la vida, sino en sus profundidades. La energía del creador precisa de la especial concentración de un taladro al perforar la piedra. Por muy difícil que resulte, un creador es recompensado en repetidas ocasiones por sus esfuerzos.

No hace falta ser artista para ser creador. Se puede aportar algo al mundo con cualquier actividad humana, hasta con las más rutinarias. Tu trabajo, tu papel de padre, tus relaciones o tu aportación a la comunidad adquieren más sentido cuando les das un sello personal mediante el uso de fuerzas superiores.

Para Vinny sentir que la vida tenía sentido fue un regalo inesperado. Por primera vez veía un rumbo en su existencia, con la confianza que ello comporta. Sin embargo, seguía sin estar seguro de tener lo necesario para vivir el resto de la vida como creador. Yo le dije que eran dudas que tenía todo el mundo, pero no me resultó fácil convencerlo.

—¿Por qué lo ponen tan difícil?

¿«Ponen»? Me impactó la pregunta. Vinny nunca pedía explicaciones espirituales para nada. Aun así, me lo tomé como un progreso: buscaba donde tenía que buscar, aunque fuera donde nunca había buscado. Para ayudarlo a entenderlo le conté la siguiente historia, que me había explicado un rabino estudioso de la Cábala. No puedo garantizar su autenticidad, pero transmite bien lo que quiero decir:

> Un viejo rabino instruía a su alumno en la creación de la especie humana por parte de Dios. Dios puso mucho esfuerzo en crear al hombre a su imagen y semejanza. Al terminar miró su creación, pero no le satisfacía; había querido crear a un ser con quien pudiera tener relación, a un igual, pero al hombre le faltaba un atributo clave que sí tenía Dios: la facultad de crear. Así que Dios hizo la tierra y puso al hombre en aquel medio tan exigente. El hombre se vio obligado a crear: construirse un cobijo, cultivar la tierra, inventar la rueda… Ahora el hombre ya tenía todos los atributos de Dios. El alumno se quedó perplejo. «¿Por qué? ¿Por qué no le dio poderes creativos y ya está?» «Eso —contestó el viejo rabino— es lo único que no se puede dar.»

El poder creativo no se puede otorgar, porque el acto de crear es una expresión de tu yo, una revelación de cómo eres por dentro, y eso no te lo puede dar nadie, ni siquiera Dios; debe salir de ti. Tienes que desarrollar poderes creativos por medio de tu propio esfuerzo.

Vinny no lo veía muy claro.

—Suena a excusa de Dios para no ocuparse de nosotros.

Con «ocuparse de nosotros» lo que de verdad entienden los consumidores es eximirnos de las penalidades, pero la historia explica que el auténtico «trabajo» de Dios es mantenernos en ellas. Esta visión de Dios no es fácil de aceptar si tu objetivo último es una vida cómoda. Yo he observado que hasta los ateos la rechazan. (Quieren asegurarse de que Dios, si a pesar de los pesares existiera, sirva a sus falsas esperanzas.)

O en palabras de Vinny:

—¿Me tomas el pelo o qué? ¿Me estás diciendo que el trabajo de Dios es dejar que vayamos de la sartén al fuego y que nos salvemos solos? Si vuelvo algún día a la iglesia, lo que haré será sacar dinero del cepillo.

Tenía razón: tenemos que hacerlo solos, pero la recompensa vale más que el dinero; es la oportunidad de vivir como creadores, la experiencia más profunda y llena de sentido que podemos vivir. Si Dios nos eximiese, nos estaría quitando esa oportunidad. Los seres humanos solo son felices cuando aspiran a su máximo potencial. El médico y místico renacentista Paracelso lo formuló así: «La felicidad no consiste en la pereza [...]. En el trabajo y el sudor debe usar cada hombre los dones que le confirió Dios en la tierra...».

En términos actuales, la historia del rabino hablaba de que Dios necesita que el hombre se convierta en creador; es la única manera de que Dios tenga un igual. Por eso «lo ponen tan difícil». Nuestra existencia tiene que ser difícil; de lo contrario, no encontraríamos nunca el camino al potencial que Dios quiere que tengamos.

La experiencia más inmediata que podemos tener de ser creadores es al usar el riesgo. Gracias a esta herramienta podemos crear literalmente fuerza de voluntad a partir de la nada. El modelo espiritual para crear algo de la nada se describe en el Génesis, donde reinaba la oscuridad hasta que Dios dijo: «Haya luz». En nuestra vida, la oscuridad reina cuando estamos desmoralizados y no podemos actuar. Al usar el riesgo para crear el chispazo de la fuerza de voluntad traemos la luz a nuestro universo personal, de la misma manera que Dios la trajo al cosmos.

Así, el sentido del fracaso, de la desmoralización y de la parálisis sufre una transformación radical, que convierte las tres cosas en oportunidades para ejercer una creatividad de índole divina. Si eres capaz de hacerlo, te habrás distinguido como creador, al margen de los logros exteriores, y no tendrás miedo de nada. Aunque el futuro pueda traerte oscuridad, no podrá arrebatarte la capacidad de crear luz.

Todavía hay otro beneficio, superior a todos. Al comprometerse más con su vida de creador, Vinny siguió usando el riesgo siempre que se sentía muy bien o tenía ganas de desistir por completo. En cuestión de pocos meses se dio cuenta de que estaba viviendo algo que le resultaba totalmente nuevo.

Era feliz.

Desde su punto de vista, se trataba de un cambio deslumbrante. Al mirarlo a los ojos ya no veía a un adolescente cínico y rebelde que me plantaba cara. Ahora ocupaba su lugar un hombre adulto, con el corazón abierto al mundo. Y su gran temor no se había cumplido: seguía siendo gracioso, pero en vez de usar el humor como arma en su guerra contra la humanidad se lo regalaba a los otros para que fueran felices. Y eso le hacía feliz a él.

Otro impacto fue ver cómo reaccionaba la gente: descubrió que cuanto más feliz era él, más atraídos se sentían los demás por su persona. El ambiente del club se había vuelto eléctrico en cada una de sus actuaciones. Era una experiencia muy estimulante para él.

—Antes se reían porque sabían que los odiaba. Ahora ya no; ahora intento quererlos… y aún se ríen más. ¿Y sabes qué? Lo prefiero, de lejos.

Y el mérito de su transformación se lo asignaba sin rodeos al riesgo.

—Doctor, yo ni en un millón de años habría adivinado el secreto de la felicidad: pensar todo el día en la muerte.

Los últimos diez mil años de sabiduría intelectual condensados en un solo chiste. Sin duda se había convertido en un verdadero creador.

Una vez que aspiras a ser un creador, todo cambia, hasta tu manera de leer este libro. Ya hemos explicado cómo lo leerán los consumidores: deprisa y superficialmente, buscando fuentes mágicas de poder sin hacer ningún esfuerzo. Los consumidores sacarán nuevas ideas del libro, por supuesto, y algunas buenas herramientas, pero nosotros lo hemos escrito con un objetivo mucho más ambicioso: queremos cambiarte la vida de verdad, no solo de palabra. Estamos convencidos de que es posible, pero para eso tienes que leer el libro como lo leería un creador.

Como creador no buscarás una emoción pasajera ni ser el primero de tu calle que adquiera nuevas técnicas; leerás despacio el libro, reflexivamente, porque necesitas la ayuda de las fuerzas superiores. Nunca se te ocurriría dejar de usar las herramientas, porque quieres hacer cosas con los poderes que te otorgan. Quieres tener una incidencia real en el mundo y aportarle algo nuevo.

Para un creador es más que un libro: es una guía a la que volverás una y otra vez, como un constructor usa los planos. Sin embargo, lo que tú construyes no es una casa, sino una nueva vida.

Para nosotros cualquier lector es un creador en potencia, y es esa posibilidad la que nos impulsa como escritores. No nos satisfará que leas todo el libro, ni que de vez en cuando uses alguna de las herramientas; ni siquiera nos satisfará que te parezca estimulante y así se lo hagas saber a tus amistades. Solo consideraremos que hemos tenido éxito si cuando acabes el libro usas sin cesar las herramientas. Entonces te convertirás en creador. Ese es nuestro objetivo y también debería ser el tuyo.

PREGUNTAS MÁS HABITUALES

1. Soy de Alcohólicos Anónimos desde hace quince años. Allí te enseñan que nuestro problema radica esencialmente en «un descontrol de la voluntad». En cambio, vosotros parece que dais a entender que la fuerza de voluntad es la clave de la solución. ¿Cuál de las dos cosas es verdad?

Es una cuestión de terminología. Cuando A. A. usa el término *voluntad* se refiere al engaño de creer que podemos hacer que el universo sea como nos parece que tiene que ser.

Cuando nosotros usamos el concepto *fuerza de voluntad* no tiene nada que ver con controlar el universo. Si la fuerza de voluntad es tan vital es justamente por nuestra absoluta carencia de control. Lo más evidente que no podemos controlar es el tiempo, que se nos escapa constantemente. Esto lo usa el riesgo para crear una sensación de urgencia. Cada vez que usas la herramienta te rindes al tiempo. La forma más directa de experimentarlo es desde el lecho de muerte. La muerte, determinada por un poder mayor que cualquier individuo, es la pérdida definitiva de control. Por eso la fuerza de voluntad que crea el riesgo está en total armonía con esta fuerza superior y no podría existir sin ella.

2. ¿Y si no consigo usar la herramienta del riesgo?

Por muy decepcionado que estés, o por muy perezoso que seas, si estás vivo y eres consciente tienes energía suficiente para hacer algún pequeño esfuerzo. Todos cuentan, hasta los más ínfimos. Quizá no pases, por ejemplo, de verte en tu lecho de muerte. Cuesta menos que leer esta respuesta. Es posible que la próxima vez veas que a la figura de la cama la anima alguna emoción. Puedes jugar con eso como jugaría un niño, y sin darte cuenta te sorprenderá que eres capaz de usar la herramienta. El único error de verdad que puedes cometer es no hacer nada.

3. Yo creo en la visualización positiva. La herramienta del riesgo parece que use el miedo para motivarte. ¿No es lo contrario de lo espiritual?

Tienes toda la razón en que el riesgo se basa en el miedo, pero no por eso es poco espiritual. La herramienta te obliga a ser consciente de que tu tiempo en este mundo es limitado y de que en algún momento tu muerte será una realidad. Precisamente esa experiencia es lo que despierta la necesidad más profunda de una conexión espiritual, pero, como debería ser obvio a estas alturas, esa conexión cuesta lo suyo. Ahí es donde interviene el miedo, que está directamente conectado a la parte primitiva del cerebro que vela por la supervivencia. Dado que esa parte de ti nunca renuncia, crea un tipo de fuerza de voluntad que es duradero. Si, por el contrario, confías en la promesa de una filosofía buenista para motivarte, será inevitable que tu fuerza de voluntad desaparezca una vez cumplida esa promesa.

4. He usado una de las herramientas, pero con modificaciones en un elemento, y parece que así me va mejor. ¿Está permitido?

Como explicamos en el capítulo 1, cuando Phil desarrolló las herramientas las sometió a pruebas exhaustivas para encontrar la versión más eficaz de cada una. Por eso aconsejamos que en el momento de aprenderlas se sigan las indicaciones al pie de la letra; así seguro que al menos crearás alguna conexión con las fuerzas superiores. Si ves que con el paso del tiempo las modificas un poco, serán las propias fuerzas superiores las que dirijan ese cambio.

A largo plazo, sin embargo, lo más importante es que persistas en utilizarlas, y si eso es más factible usando tu propia versión, adelante. Al margen de la versión que uses, estate muy atento a los pies tal como los hemos expuesto. Su identificación se basa en varios años de experiencia. Tómatelos en serio y no tengas reparos en añadir otros de tu cosecha, por supuesto.

Tu manera de usar las herramientas debería ser un paso hacia el rumbo de la creación. Un creador da más valor a su intuición y su experiencia que a cualquier juego de directrices arbitrarias, aunque seamos nosotros quienes las impartamos. Eso no significa que no puedas usar las herramientas tal como están descritas; de hecho, a muchas personas es como mejor resultado les dan. Lo principal es que encuentres la manera de entretejerlas con tu vida de un modo que a ti te aporte algo.

OTROS USOS DEL RIESGO

En este capítulo nos hemos centrado en el uso del riesgo para cumplir la misión del libro: lograr que utilices las cuatro primeras herramientas. Para eso hace falta fuerza de voluntad, que es lo que te dará el riesgo. Sin embargo, la fuerza de voluntad es tan decisiva que el riesgo acabará por ser indispensable en muchas otras situaciones de tu vida. He aquí tres de las más habituales.

El riesgo te da fuerza de voluntad para controlar conductas adictivas e impulsivas. *Tenemos mucho menos control de nosotros mismos de lo que nos gusta pensar. Ya se trate de lo que comemos, de lo que compramos o de cómo reaccionamos ante los demás, no podemos resistirnos al tirón de la gratificación inmediata: decidimos una y otra vez cambiar de conducta, pero al final siempre salen ganando los impulsos. Lo que necesitamos no son más resoluciones, sino una manera de vencer nuestros impulsos en el momento mismo, y para eso hace falta fuerza de voluntad.*

Ann era el paradigma de una buena esposa y madre, pero en el asunto de las compras se convertía en otra persona. Se conectaba a internet con la intención de responder emails y actualizar la agenda, pero siempre llegaba un momento en que notaba «el cosquilleo», una fuerza magnética que la arrastraba hacia una larga lista de webs de compras. Se decía que solo las miraría cinco minutos y seguiría trabajando, pero eran meras palabras: hipnotizada por el mundo del comercio electrónico, perdía el sentido del tiempo y era incapaz de escaparse sin al menos una compra innecesaria. Después se sentía abrumada por la culpa y el cansancio, como si hubiera mantenido relaciones sexuales ilícitas.

Aparte del derroche de dinero, el sentimiento de culpa la volvía irritable, y como sabía que su marido se enfadaría, lo atacaba ella primero. Sobre toda la familia flotaba un ambiente de derrota y de recelo hostil. Una vez aplacados los ánimos, Ann ideaba el enésimo plan para controlarse: solo compraría los fines de semana, o solo artículos rebajados, o se pondría un límite mensual de gasto. Huelga decir que nunca funcionaba.

Yo le dije que lo que le faltaba era fuerza de voluntad.

—¿Dónde puedo comprar eso? —preguntó ella medio en broma.

Le expliqué que no estaba en venta, pero que si estaba dispuesta a trabajar un poco, se la podía formar ella misma. Ann aprendió a usar la herramienta del riesgo cada vez que se acercaba a su ordenador y, aunque al principio no le impidió conectarse a internet ni comprar de vez en cuando, ya no tenía tanta gracia.

—Al ver la figura del lecho de muerte, que intenta salvarme de mi propia estupidez, no me puedo dejar ir como antes.

El riesgo te da fuerzas para concentrarte en situaciones en las que te sueles evadir o distraer. *Nos hemos convertido en una sociedad multitarea, hiperactiva, con la capacidad de atención de una pulga. Necesitamos una fuerza suficiente para mantenernos concentrados en una sola cosa hasta que la hayamos acabado, y para eso hace falta fuerza de voluntad.*

Alex era un agente de Hollywood sociable y lleno de energía que había empezado a perder clientes, cosa que lo dejaba perplejo, pues les conseguía buenos contratos. Yo lo animé a preguntarle a un cliente por qué lo había dejado, y la respuesta lo dejó de piedra: el cliente dijo que tenía la impresión de que no era importante para Alex. Cuando Alex señaló el lucrativo contrato que le había conseguido, el cliente respondió:

—No es cuestión de dinero, es que haces que me sienta una persona de segunda. Cuando hablas conmigo por teléfono siempre aprovechas para hacer otras cosas y casi ni te fijas en lo que te digo.

Alex nunca había sido capaz de concentrarse. Gracias a su encanto había acabado los estudios y había ido ascendiendo en su profesión, pero por debajo de la superficie tenía la impresión de que toda su vida era un engaño. Iba a las reuniones sin habérselas preparado y casi nunca se leía los guiones que intentaba vender. También su vida conyugal parecía un fraude. Ya no tenía intimidad con su mujer y, aunque salieran juntos, Alex se pasaba el rato hablando por teléfono o con los de la mesa de al lado. Ni siquiera podía concentrarse en sus distracciones preferidas. Necesitaba un segundo teléfono móvil para interrumpir las llamadas al primero.

Era el típico candidato al riesgo. Si no aprendía a concentrarse, todo aquello por lo que había trabajado peligraba. El pie que le asigné era muy simple: usar el riesgo cada vez que tuviera la tentación de distraerse. De ese modo crearía la fuerza de voluntad que encauzaría de nuevo su concentración. Yo sabía que tendría muchas oportunidades para practicar, y a él le sorprendió lo débil que era realmente su concentración.

—Me distraigo a cada segundo. Hasta respirar me serviría como pie.

A pesar de las dificultades, insistió, y le pareció todo un hito poder concentrarse veinte minutos en un guion. La mejoría en su concentración trajo consigo una ventaja totalmente inesperada.

—Me he pasado toda la vida haciendo malabarismos para que no me descubriesen. Ahora llego a las reuniones con los deberes hechos y es la primera vez que me siento como un adulto.

El riesgo te permite emprender nuevos proyectos. *Una de las cosas más difíciles de la vida es empezar algo nuevo: cambiar de ciudad, construir una relación con alguien que no has elegido tú (hijos adoptivos, familia política, etcétera), montar una empresa... Cada uno de estos pasos —y cualquier nuevo proyecto— desencadena el más primigenio de los miedos humanos: el miedo a lo desconocido. Tendemos a lo conocido, aunque no nos convenga, porque nos falta voluntad para vencer ese miedo. El riesgo crea una fuerza de voluntad superior al miedo.*

Harriet estaba casada con un hombre que le llevaba muchos años y que tenía hijos mayores de un matrimonio anterior. Él, empresario de gran éxito, había montado su empresa desde cero y gozaba de una autoridad absoluta con sus empleados. Lo malo era que no sabía relacionarse de ninguna otra manera. Satisfacía las necesidades materiales de Harriet, pero controlaba todos los aspectos de su vida en común. Harriet llevaba varios años soportando todo esto y negando lo mucho que le molestaba.

Sin embargo, tenía un deseo que no podía negar: ser madre. De nada le servían las súplicas ni las discusiones: su marido no quería hablar del tema. Fue eso lo que la llevó al límite. Harriet llegó a la convicción interna de que no podía seguir con aquel hombre. Sin embargo, llevaba tantos años protegida que creía que no podría defenderse por sí sola. La idea de valerse por su cuenta le daba pánico, y no solo eso, sino que ni siquiera sabía cómo dar el primer paso para la separación. Tendría que entrar en un mundo de abogados, contables, inmobiliarias, etcétera.

—Con esa gente siempre hablaba mi marido. A mí me parecían cuestiones de otro planeta.

Yo le dije que ninguna de esas cosas escapaba ni remotamente a sus capacidades. El pánico de Harriet se debía a que el mundo en el que se iba a introducir representaba lo desconocido, y eso, para ella y para cualquier otra persona, es como lanzarse por un precipicio. Necesitaba una fuerza que le permitiese actuar ante un miedo abrumador. La herramienta perfecta era el riesgo. En cuanto vio su reacción a no haber tenido hijos en el lecho de muerte experimentó una urgencia electrizante que nunca había sentido, y no solo pudo romper con su marido, sino que siguió usando el riesgo para construirse una nueva vida.

RESUMEN DEL RIESGO

Para qué sirve la herramienta

A estas alturas ya deberías saber usar todas las herramientas básicas descritas en los capítulos 2, 3, 4 y 5, pero, independientemente de lo eficaces que hayan sido, las acabarás dejando, y eso, aparte de detener tu progresión, destruirá todo lo que hayas ganado hasta ahora. Se trata del obstáculo fundamental al que se enfrentan todos los lectores.

Contra qué luchas

Contra la ilusión de poder conseguir «algo mágico» que te exima de usar las herramientas, una ilusión reforzada día y noche por la cultura del consumo que te rodea. La ilusión siempre termina igual: desistiendo. En los momentos de éxito crees que las herramientas ya no son necesarias; en los de fracaso, estás demasiado desmoralizado para usarlas.

Pies para usar la herramienta

1. En cualquier situación en la que sepas que necesitas una herramienta pero, por la razón que sea, no seas capaz de usarla.
2. Cuando tengas la sensación de que ya estás por encima del uso de las herramientas.

La herramienta en pocas palabras

Te ves a ti mismo en tu lecho de muerte. Este yo más viejo, al que ya se le ha acabado el tiempo, te grita que no desperdicies el presente. Sientes un miedo profundo y oculto a haber dilapidado tu vida que crea un deseo urgente de usar la herramienta básica que necesites en ese momento.

La fuerza superior que usas

La tendencia a desistir no se puede vencer pensando; hace falta una fuerza superior. Nosotros la llamamos «fuerza de voluntad», y es la única fuerza superior que tienes que crear tú mismo; el papel del universo es aportar el contexto que te exija generarla.

7

FE EN LAS FUERZAS SUPERIORES

Cuando te conviertas en creador te lloverá del cielo algo increíble: empezarás a tener fe en que hay fuerzas superiores que están a tu lado cuando las necesitas.

Cuando conocí a Phil yo no creía en la existencia de fuerzas superiores, y menos en la posibilidad de recurrir a su ayuda. A medida que aprendía a usar las herramientas me di cuenta de que funcionaban; prueba de ello eran mis pacientes. Sin embargo, en lo relativo a cómo funcionaban no di crédito a Phil cuando decía que invocaban fuerzas superiores; ni siquiera se lo daba a mis pacientes cuando lo atribuían a «algo más grande» que ellos. Supuse que era su forma de manifestar lo bien que se encontraban.

Como he explicado en el capítulo 1, era la reacción más natural en alguien como yo, que había crecido en un clima de escepticismo. Mis padres eran ateos: no creían en Dios, sino en la ciencia, y se habrían burlado de cualquier «fuerza superior» que no pudiera explicarse a partir de la lógica. Para ellos el universo (y todo lo que sucedía dentro de él) no era más que un accidente aleatorio. En suma, para mi familia *fe* era la peor de las palabrotas. Yo absorbí con entusiasmo su sistema de creencias (el racionalismo) y lo adopté como propio. De vez en cuando lo pagaba socialmente: cuando tenía nueve años me quedé a dormir en casa de un amigo de familia religiosa y cuando su madre, al acostarnos, se fijó en que no rezaba, me preguntó por qué. Yo, ingenuo de mí, lo entendí como una oportunidad para explicar de manera lógica por qué Dios no existía. Fue la última vez que me quedé a dormir en su casa.

El paso de los años no hizo sino confirmarme en mis ideas. De resultas de ello, pese a valorar las herramientas y sacarles partido, era consciente de que me perdía algo. Las herramientas me permitieron funcionar mejor y estaba agradecido por ello, evidentemente, pero algunos pacientes las vivían de un modo que a mí se me escapaba. Cuando las usaban en mi presencia se notaba que entablaban una conexión con algo más grande que ellos: su cara irradiaba unos niveles de alegría, satisfacción y confianza que yo jamás había sentido. A mí el universo seguía pareciéndome indiferente, mientras que para ellos se había convertido en fuente de una ayuda presente a todas horas. Era como si hubieran roto la barrera del sonido mientras yo, con gran esfuerzo, avanzaba a trancas y barrancas por el suelo.

El resultado fue una extraña mezcla de emociones. Si las herramientas eran la asignatura, mis pacientes estaban sacando mejores notas que yo. Era una de las pocas veces en mi vida en que no era el primero de la clase y me parecía una injusticia, francamente. No es que trabajasen más que yo; es que no tenían que pelearse con un interior escéptico que atacaba a las fuerzas superiores a cada paso. Aun así, me sorprendí a mí mismo incitándolos a seguir por aquel camino, porque albergaba la secreta esperanza de poder sentir lo mismo que ellos.

Mi escéptico interior tenía otros planes y atacó a la herramienta (el amor activo) que podía ayudarme con mi punto flaco: el rencor. Al margen de cuál fuera mi situación vital, siempre había algo que me ponía furioso. Me enfadaba con mis hijos cuando me despertaban de noche, con mi mujer cuando me obligaba a ir con ella a actos sociales, con los pacientes cuando me llamaban fuera de horas, etcétera. En cuanto se disipaba un rencor aparecía otro en su lugar, y acabé por llamarlo «resentimiento en busca de causa».

Mi escéptico interior no pudo impedirme que usara la herramienta del amor activo. A mí me iba bien utilizarla, sobre todo en la medida en que me proporcionaba algo que hacer cada vez que sentía algún rencor. Lo que nunca sentí, por el contrario, fue un amor poderoso que fluyera a través de mí. Sabía que estaba en algún sitio; me lo había hecho sentir el nacimiento de cada uno de mis dos hijos, pero por muy profundos que fueran esos sentimientos, no eran lo mismo que ser capaz de invocar un amor más universal que pudiera dirigir hacia cualquier persona. Para eso, la herramienta me exigía creer que estaba rodeado por un amor puro y cósmico. Ya hacía tiempo, sin embargo, que mi escéptico interior me había convencido de que esa era una fantasía romántica: yo vivía en un universo mecánico y el amor era un simple fruto de la química cerebral. El escepticismo había convertido la herramienta en algo sin vida.

Contraataqué de la única manera que sabía: a base de pura y terca persistencia. Practiqué la herramienta sin parar. Hasta programé la alarma del reloj para que sonase cada hora a modo de pie para utilizar la herramienta, y lo hice durante meses.

Justo cuando iba a perder la esperanza mis esfuerzos fructificaron como nunca podría haber imaginado.

El 17 de enero de 1993 mi hijo cumplía un año, pero antes de que amaneciera, mucho antes de la hora de darle los regalos, recibí uno yo: un sueño que jamás olvidaré. En el sueño era por la mañana, muy temprano; yo estaba solo en mi despacho. De repente, todo el edificio se ponía a temblar con fuerza: era un terremoto de gran intensidad. Supe que me quedaban pocos segundos de vida. Con más serenidad de lo normal, pensé: «Debería usar por última vez el amor activo, así moriré con el corazón lleno de amor». Esta vez, sin embargo, al usar la herramienta me inundó un amor mayor del que hubiera sentido jamás. Sentí que la fuerza descomunal de aquel amor me ensanchaba por dentro, como si el sol brillase desde mi corazón. En ese momento se terminó el sueño.

Fue uno de esos sueños que me acompañaron durante semanas, con ecos en todos los aspectos de mi vida. Me sentía más vivo: el abundante amor que había sentido en el sueño seguía fluyendo de mí hacia los demás, desde el dependiente de la gasolinera hasta mi mujer y mis hijos. También lo sintieron mis pacientes, que comentaron que les parecía aún más entusiasta que de costumbre con su crecimiento y que eso los incitaba a redoblar sus esfuerzos.

También empecé a ver el mundo de otra manera, como si todo mi entorno rebosara de vida; empecé a tener una visión más profunda de la dinámica de mis pacientes y a poder establecer conexiones que nunca había podido constituir. Hasta empecé a preguntarme si ciertos hechos de mi vida no los habría planeado alguna inteligencia superior. ¿Qué me había impulsado a abandonar el derecho, el odio que me inspiraba o la necesidad de abrirme a una visión del mundo completamente nueva? Ya no me parecía ninguna coincidencia haber conocido a Phil justo cuando estaba desilusionado con el enfoque tradicional de la psicoterapia.

Sabía que Jung, a quien había estudiado a fondo, no creía en las coincidencias. Me gustaba su visión por su misterio y su belleza, pero su influencia en mi vida real no era mayor que la de una obra maestra colgada en las paredes de un museo. Eso cambió con el sueño que tuve: desde entonces, sin saber por qué, sentía una conexión oculta entre todos los acontecimientos de mi vida. Fue una impresión tan fuerte que incluso me condujo más allá de Jung, como si el universo me guiase en el sentido de mi propia evolución.

Mis padres se habrían reído de aquellas especulaciones tan disparatadas. El hecho de tenerlas me inquietaba mucho. Estaba claro que el amor que sentía fluir en mi interior facilitaba el uso de las herramientas (era como el amor activo con esteroides), pero también tenía la impresión de no conocerme del todo. ¿Por qué sentía de repente aquellas cosas? Esperé que Phil tuviera la respuesta.

—¿Tendré algún tipo de alteración mental? —le pregunté—. Tengo la sensación de estar sufriendo una especie de locura transitoria.

—Para nada —contestó él con firmeza—. Estás más cuerdo que nunca.

—¿Cómo puedes llamarlo cordura si estoy pensando locuras?

—Quizá no sean locuras —sugirió él con cierta irritación—. Quizá la locura fuera volver a vivir como antes del sueño.

Algo de razón tenía. Ahora me sentía vivo de verdad y, en comparación, mi vida de antes palidecía.

—No, a eso no quiero volver —contesté despacio—, pero lo que tú me pides es que cambie todo lo que creo solo por un sueño.

Al principio Phil parecía decepcionado, pero después todo el cuerpo se le relajó y fue como si me viera solo a mí. Sus ojos irradiaban comprensión. No entendí hasta más tarde que estaba usando el amor activo.

—Yo no te quiero convencer de nada —dijo—. Ya lo hará la vida a su manera.

Cuando terminó la conversación me sentía al borde de un misterio que no entendía, pero los nuevos sentimientos se diluyeron antes de poder encontrarles algún sentido y me instalé de nuevo en mi vieja y mecánica rutina. Si en algún momento pensaba en aquel período, me avergonzaba; mi pensamiento racional, que había recuperado el mando, desestimaba la experiencia como una mera minicrisis de la madurez (pero sin el coche deportivo). Secretamente, no obstante, echaba en falta la sensación de estar vivo que me había aportado el misterio. Al final incluso eso desapareció y llegué a olvidar el sueño que lo había desencadenado todo.

Fue cuando ocurrió lo inimaginable.

El 17 de enero de 1994, justo un año después del día posterior al sueño, Los Ángeles sufrió de madrugada el terremoto más destructor de la historia de Estados Unidos. El edificio donde estaba mi consulta se derrumbó y todo su contenido quedó reducido a polvo.

MÁS DURA SERÁ LA CAÍDA

El terremoto destruyó mi consulta, pero eso fue el menor de sus perjuicios: también destruyó mi sistema de creencias. Parafraseando a Hamlet, de pronto parecía que en el cielo y en la tierra había más cosas de las que mi filosofía hubiera soñado. Los datos eran los siguientes: se habían producido dos hechos que me habían abierto el corazón: el primero el 17 de enero de 1992 (el día del nacimiento de mi hijo) y el segundo el 17 de enero de 1993 (el del sueño del terremoto). Ahora, el 17 de enero de 1994, un terremoto de verdad sacudía Los Ángeles. Mi formación racional me habría llevado a la pretenciosa conclusión de que todo era pura coincidencia, pero ya no: ahora sentía el racionalismo como una sustancia tóxica que mi cuerpo rechazaba. Es más, sospechaba que el terremoto acabaría resultando ser un regalo tan grande como los dos sucesos anteriores.

Mi vida, entretanto, seguía su curso: conseguí alojar temporalmente mi consulta en otro sitio y poco a poco reinstauré cierto sentido de normalidad en mi trabajo, pero no se me iba de la cabeza la idea de que alguna inteligencia cósmica había guiado los últimos años de mi vida; esa inteligencia que me había impulsado a abandonar el derecho, que me había hecho dedicarme a la psicoterapia y que había dispuesto que Phil y yo nos conociéramos. Después había entrado en mi vida de un modo más directo, coreografiando el nacimiento de mi hijo y un sueño decisivo exactamente con un año de diferencia. Todo ello, sin embargo, era sutil en comparación con lo ocurrido ahora. Era como si aquella inteligencia superior, decidida a clavarle una estaca a mi racionalismo, hubiera anticipado un desastre muy grave y lo hubiera usado como arma final.

Pues misión cumplida. Ya no podría fiarme nunca más del racionalismo. Sin embargo, al sopesar las alternativas tuve claro que aún eran peores. Por un lado estaba la religión organizada, que me parecía dogmática y autoritaria. Como judío siempre me había preguntado por qué tenía que aceptar el mandamiento de no mezclar nunca la carne y la leche, de la misma manera que me cuestionaba otras costumbres igual de inexplicables de otras religiones, y al final la respuesta siempre parecía reducirse a que «tienes que creerte estas cosas porque te lo decimos» (o porque «está escrito»). Era como si no se me permitiese pensar por mi cuenta.

Por otro lado estaba el misticismo *new age*, que en el sur de California era tan omnipresente como las estrellas de cine. Dejaba margen para el pensamiento libre, eso no se podía negar, y brindaba multitud de experiencias (reales o no), pero al mismo tiempo era tan sistemáticamente feliz y tan insustancial como Los Ángeles, la ciudad que lo había generado. Visualiza lo que quieras hacer dentro de cinco años y… ¡pasará! Cualquier problema se podía resolver con buenas palabras. Pero ¿y si había problemas dolorosos, y hasta horribles, que no era posible resolver? Para eso no tenía respuesta la *new age*, salvo echarle la culpa a quien sufría. «El cáncer te lo han provocado tus pensamientos negativos», le dijeron a una de mis pacientes sus amigos *new age*. A una filosofía que no encontraba sentido ni finalidad a las adversidades tenía que faltarle algo, y si no sabía qué hacer con las adversidades cotidianas, ¿cómo iba a enfrentarse con el verdadero mal, como los pogromos y los campos de concentración que habían matado a tantos de mis familiares?

Me encontraba en un callejón sin salida. Mi nueva vida de psicoanalista me tenía encantado; personalmente, poder incidir de forma positiva en las vidas ajenas me satisfacía mucho más que todo lo que había hecho antes, pero no se trataba solo de mi satisfacción personal, sino que daba la impresión de girar en torno a la propia naturaleza de la realidad. Mi racionalismo parecía un bicho aplastado, una parte de mi pasado que se había quedado en el retrovisor. El problema era que no podía avanzar. Los dos caminos que veía por delante eran inaceptables.

Cuando no hay nada en el mundo capaz de rehacerte, la reacción humana universal es el pavor. Me pasé varias semanas con la sensación de que se me iba a salir el corazón del pecho. Recurrí a Phil solo porque no se me ocurría nada más, pero esta vez no lo hice como alumno entusiasta, sino como si me estuviera ahogando.

—¿Tienes la sensación de que no era verdad nada de lo que creías? —preguntó él.

Asentí con la cabeza.

—Felicidades —dijo efusivamente—. Acabas de conocer la espiritualidad del futuro.

Por raro que parezca, le encontré sentido. Lo que quería decir Phil era que las nuevas ideas no pueden entrar hasta que se hayan hecho trizas las antiguas y rígidas. Era la confirmación de lo que había intuido sobre el terremoto: era el clímax de una secuencia de acontecimientos diseñada para barrer mi antiguo sistema de creencias.

Pero ¿con qué lo sustituiría? Receloso a la par que esperanzado, le exigí que me explicase allí mismo en qué consistía esa «nueva espiritualidad». Aquello no era propio de mí, pero no pude evitarlo: tenía la sensación de que aquella conversación me cambiaría la vida. Acerté.

Phil me explicó que existe un «sistema espiritual» que conecta a todos los seres humanos con el universo. En mi cerebro se encendieron objeciones lógicas, como en una máquina de *pinball*, pero Phil, sin darme tiempo a decir nada, sacó un tarjetón y empezó a dibujar algo raro, sin dejar de hablar ni un momento. Lo que dijo me distrajo de mis dudas, así que no abrí la boca.

Phil dijo que a todos nos han enseñado la evolución física. En este modelo la evolución la impulsan cambios genéticos aleatorios, que nos dan más posibilidades de supervivencia. El universo no nos tiene reservado ningún objetivo en concreto; de hecho, ni siquiera sabe que existimos. Este modelo explica bien la evolución *física*, pero hay otro tipo de evolución, cuyo nombre más indicado es *evolución espiritual*, que está relacionada con el desarrollo del yo interno, y ese yo interno solo puede evolucionar si decide acceder a fuerzas superiores.

Empecé a protestar hasta que me interrumpió un ruido seco, como si alguien hubiera disparado una pistola. Di un respingo. El ruido lo había hecho Phil al estampar el tarjetón en la mesa, como un jugador de cartas que acaba una escalera.

—¿Ves esto? La evolución interna la impulsa este sistema —dijo, refiriéndose al dibujo de la tarjeta—. Tú entra en el sistema; cuando estés dentro, vivirás algo tan fuerte que se te pasarán todas las dudas.

No pudo con mi escepticismo. Eso no se me pasaría con nada. Phil, no obstante, vio los argumentos que se me formaban en la cabeza y declaró de sopetón:

—Ya basta de debates. Estudia la tarjeta y entra en el sistema. Si sigues necesitando explicaciones, ya hablaremos más tarde.

No había más que decir. Se mostró categórico. Lo que yo tenía que hacer era muy simple: participar en el sistema y experimentar lo que él llamaba «fuerzas superiores». Todo estaba en el siguiente esquema:

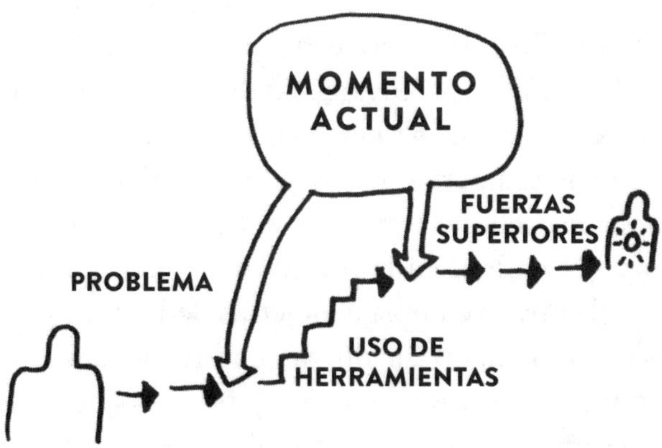

La figura de la izquierda se enfrenta a un problema vital. Puede ser una enfermedad, haberse quedado sin empleo o incluso la confusión interna que yo estaba atravesando. Como indica la primera flecha gruesa, el problema lo manda desde arriba la fuerza que gobierna la evolución (a la que puedes llamar Dios, poder superior, etcétera). A continuación, la persona usa herramientas para resolver el problema, ilustradas por los escalones, que ascienden hacia un nivel más amplio de existencia en el que la figura tiene acceso a fuerzas superiores que le permiten hacer cosas que nunca había hecho. Se pone así de manifiesto el propósito oculto de todo el sistema espiritual: permitirnos ser creadores. En la imagen, la condición de creador está representada por el sol que hay dentro de la figura de la derecha.

El dibujo revela un secreto asombroso: tanto el problema como las fuerzas superiores que lo resuelven proceden de la misma fuente, la fuerza de la evolución. Estos dos elementos forman parte de un mismo sistema cuyo objeto es transformarte en creador. Pero hay un tercer ingrediente que solo puede proveer el universo. Ese ingrediente es tu libre albedrío; concretamente tu disposición a usar herramientas. Tuya es la elección: evolucionar o seguir siendo la misma persona. El universo es tan respetuoso con la libertad humana que se niega a obligarte a evolucionar contra tu voluntad. (De hecho, si relees la historia del rabino, en la página 220, verás que la única manera de que se cumpla el objetivo de Dios es que tú te hagas cargo de tu evolución. Sin embargo, para ello hace falta mucha fuerza de voluntad, y por eso hemos hecho tanto hincapié en ella en el capítulo 6.)

CÓMO APRENDÍ A QUE ME ENCANTARAN LOS HUEVOS

Todo esto sonaba fantástico, pero no silenciaba las objeciones que me gritaban a pleno pulmón en la cabeza. Intenté darles voz, pero Phil no estaba dispuesto a escuchar durante mucho tiempo. Lo que quería de mí era que trabajase dentro del sistema, no que debatiera su validez, así que me ordenó identificar un problema, elegir una herramienta y, en sus propias palabras, «callarte y usar la herramienta» cada vez que experimentase el problema.

El problema que identifiqué en aquel momento estaba relacionado con mi mejor amigo, Steve. Secretamente siempre me había sentido incómodo en su presencia. Yo era inteligente, pero él iba más allá: sobresalía en todo, desde la gimnasia hasta la historia de Afganistán. Cuando los dos teníamos catorce años fascinó a un público adulto de teatro durante el intermedio de *Ricardo III* con una conferencia improvisada sobre la Inglaterra de los Tudor y los motivos de Shakespeare para presentar al rey como un despreciable jorobado.

Mis padres creían en la ciencia, pero los de Steve eran científicos, y el propio Steve se convirtió en un físico teórico de primer orden. Rechazaba todo lo que no se pudiera explicar en términos de fenómenos físicos observables. El día que le dije que sentía brotar el alma de Jimi Hendrix a través de su guitarra, él, para corregirme, me explicó que todos los sonidos, incluida la música, no eran más que «vibraciones mecánicas transmitidas por el aire».

Nos queríamos como hermanos, pero cuanto más absorbía yo estas nuevas ideas espirituales, más miedo tenía de que, si me atrevía a exponerlas, Steve las destruyera de forma incisiva; por eso cuando me llamó diciendo que quería que comiéramos juntos para que le contase más de mi trabajo mi reacción fue de lo más inadecuado: me vi inmerso en un bucle incesante de discusiones imaginarias con Steve sobre el debate entre ciencia y espiritualidad. Steve era un adversario brillante y temible que —en mis pensamientos— siempre me avasallaba. Perdí totalmente de vista la auténtica hermandad que había entre los dos, y cuanto más me obsesionaba, más rencor le tenía.

Sabía que mi reacción era ridícula y me odié por convertir a mi mejor amigo en un rival y una amenaza, pero no había manera; pese a todos los pacientes a quienes había visto superarlo, yo estaba perdido en el laberinto y no encontraba la salida.

Compartí con Phil mi máximo temor.

—Me sentiré como el más tonto de los tontos.

—Por muy inteligente que sea Steve, es humano —contestó Phil con sensatez.

Pero él no conocía a Steve.

—No lo entiendes. Invalidó el alma de Hendrix en una sola frase; imagínate qué hará con las fuerzas superiores.

—Eso no es importante —dijo Phil alegremente—. Lo importante es vivir lo que pasa como parte del sistema espiritual.

Volvió a enseñarme el esquema para evitar cualquier error. El «problema» era mi obsesión, de tipo laberinto, con el encuentro que se avecinaba. La herramienta sería el amor activo, que usaría cada vez que sintiera rencor hacia Steve.

Tal como me dijo, practiqué la herramienta, pero seguí sintiéndome como un peso ligero aficionado que se preparaba para desafiar al campeón del mundo de los pesos pesados. Más obsesionado que nunca, volví a ver a Phil y me quejé.

—No creo que funcione.

—Da igual lo que creas —me espetó Phil—. Concéntrate en lo que hagas, no en lo que digas. Lo único que tienes que hacer es usar la herramienta. Del resto se ocupará el sistema.

Mientras me guiaba hasta la puerta me lo imaginé salmodiando: «problema, herramienta; problema, herramienta».

Me quedé perplejo y desmoralizado, pero, al no tener alternativa, usé con empecinamiento el amor activo cada vez que pensaba sin querer en aquella cita para comer, y poco a poco empecé a notar que me sentía de otra manera. Me daban un poco menos de miedo las críticas de Steve y me entusiasmaba más la idea de expresarme.

Sin darme cuenta, llegó el día. Usé el amor activo de camino al restaurante, y también un par de veces cuando vi a Steve sentado a una mesa. Después de saludarnos y de que nos tomaran nota, vi que llegaba la hora de la verdad. Steve me miró a los ojos y dijo en tono profesoral:

—Bueno, ¿cómo definirías tu planteamiento de la psicoterapia?

Sentí que mis angustias se despertaban de nuevo.

—Pues... supongo que como «espiritual».

—Qué interesante... ¿Y eso qué es?

Cerré los ojos y respiré hondo. Cuando empecé a hablar, quedé azorado por mis propias palabras.

—¿Y si todo lo malo que te ha pasado, incluidos todos los problemas que hayas tenido, estuvieran en tu vida para ponerte en contacto con facultades que no eras consciente de tener? ¿Y si hubiera procedimientos específicos que te llevaran directamente a esas nuevas facultades?

Vi que se le iluminaban los ojos.

Transportado por una ola de pasión, me embarqué en una explicación del sistema espiritual descrito por Phil, pero ya no repetía sus palabras. El sistema había pasado a formar parte de mí. Mi entusiasmo, comprensible, me hizo olvidar completamente que fueran ideas imposibles de demostrar y que mi interlocutor fuese científico. Ya no me sentía como un rival, ni como si tuviera que defender las ideas o derrotar a Steve. Solo me sentía inspirado.

Cuando terminé de hablar lo miré. Estaba radiante. (Y quizá fueran imaginaciones mías, pero su actitud ya no tenía nada de profesoral.)

—¡Qué bien, Barry! Has encontrado algo en lo que crees de verdad y seguro que has ayudado a mucha gente con ello.

Me quedé de piedra.

—¿Me estás diciendo que aceptas las premisas…, el sistema espiritual y todo el resto?

—En sentido estricto, no —dijo él encogiéndose de hombros—, pero ya sabes lo que dijo Pascal: «Es el corazón el que siente a Dios, no la razón».

No di crédito a lo que oía.

—¿Qué me estás diciendo?

Él respiró hondo.

—Consigues resultados. A veces es lo único que importa.

Seguía sin entender nada. Steve se quedó pensativo y, de repente, sonrió.

—Así lo entenderás mejor: va uno a ver a su psiquiatra y le dice: «Doctor, mi hermano está loco; se cree que es una gallina. ¿Qué hago?». Y el psiquiatra contesta: «Tiene que ingresarlo». Entonces el hombre dice: «No puedo… Necesito los huevos».

Al acabar de reírme me di cuenta de que no podría haberlo expresado mejor que Steve. Me estaba diciendo que el sistema espiritual producía «huevos» para los pacientes y que el cómo no importaba; la cuestión era que recibían ayuda.

Para mí aquella comida marcó un antes y un después. Ahora veía que no era Steve quien me había metido en el laberinto, sino la mayoría de la gente. Me había engañado yo mismo con la falsa premisa de que si intentaba expresarme de una forma con la que la otra persona estuviera en desacuerdo, esta me haría callar. No era de extrañar que fuese por la vida con tanto resentimiento: me sentía silenciado por todos los que me rodeaban ¡cuando en realidad era yo mismo quien me reprimía! Era como estar en una celda y descubrir que siempre había tenido la llave en el bolsillo: el amor activo.

Empecé a usarla con todo el mundo: amigos, pacientes, familia… y fue como si mis rencores se evaporasen. Me sorprendió hasta qué punto me sentía mejor. Me percaté de que miraba a la gente a los ojos y hablaba con ella de manera directa, sintiéndome más relajado y seguro. El hecho de que estuvieran de acuerdo o no conmigo se volvió irrelevante. También sentí fluir en mi interior un amor verdadero, como el que podía sentir después del sueño, pero con la diferencia de que esta vez no desapareció, sino que mi corazón se mantuvo abierto y me sentí más vivo.

Tal como Phil había predicho, no quedó ni rastro de mis dudas. Había experimentado la aparición de fuerzas superiores en mi vida que me cambiaban para mejor. No podía demostrar la existencia de las fuerzas superiores con argumentos lógicos, pero tampoco sentía esa necesidad. Empecé a entender el verdadero sentido de la fe: la fe es la confianza en que las fuerzas superiores siempre estarán ahí para ayudarte cuando las necesites.

Estaba claro que lo que me había pasado era profundo. Desde ese momento, inevitablemente, vi a Phil de otra manera. Siempre me había parecido algo fanático, pero él nunca había intentado endosarme sus ideas a la fuerza; de hecho, no pretendía influenciarme en nada. En mi peor momento mostró una fe absoluta en que existía un sistema espiritual y me enseñó lo que tenía que aprender. Si no era un fanático, ¿de dónde salía su fe? Decidí preguntárselo directamente, como siempre, y fue una conversación inolvidable.

El día que Barry me preguntó directamente de dónde sacaba yo mi fe marcó un antes y un después en nuestra relación. Mis pacientes nunca me lo preguntaban; era demasiado personal. Yo me daba cuenta de lo que pensaban: cada vez que manifestaba confianza en el sistema espiritual me miraban como a un excéntrico bienintencionado. Luego, después de haber cosechado los beneficios del sistema, me miraban como si fuera una especie de genio clarividente.

Las dos miradas iban desencaminadas. Yo era un simple ser humano que había aprendido a fiarme de lo que me trajera la vida. Reconozco que la mía ha sido un poco insólita. Durante toda mi escolaridad y mis estudios de psiquiatría rebosaba energía y entusiasmo. Después las cosas dieron un giro inesperado: cuando empecé a ejercer como psiquiatra comencé a sentirme cansado. No era la fatiga propia del exceso de trabajo, sino un agotamiento profundo, hasta los huesos, como no lo había sentido nunca en toda mi vida.

El cansancio fue apoderándose de mí furtivamente. Al principio, durante la semana, me encontraba bien, pero al llegar el fin de semana me venía abajo y dormía hasta el lunes. Un lunes por la mañana, al despertarme, ahí seguía el furtivo. Casi no podía levantarme de la cama. Cogí una semana de baja —la primera de mi vida—, pero cuando terminó me sentía aún más exhausto. Por algún lado tenía que ceder. Intenté sobornar al furtivo renunciando al ejercicio físico y a mi vida social, pero no fue suficiente.

Lo único que me dejaron hacer fue seguir ejerciendo, aunque con un nivel mucho menor de energía. A partir de aquel momento la vida consistió en ver a mis pacientes y volver a la cama. Durante meses me dije que era pasajero. Finalmente, como nada mejoraba, empecé a preguntarme si me recuperaría.

Me arrastré, no sin recelo, hasta un especialista en medicina interna. Acudí a un antiguo compañero de clase de la Facultad de Medicina que, además de un excelente médico, era simpático y campechano. Le conté mi historia y fue todo oídos. Luego me explicó las pruebas que me haría y cuáles eran algunas de las posibilidades. Todas las pruebas —que no fueron precisamente pocas— salieron normales. Propuso repetirlas a las pocas semanas. Las pruebas siguieron saliendo normales, pero yo me encontraba aún peor. A partir de ese momento la actitud de mi amigo experimentó un cambio sutil. Ya no era una sonrisa de «me alegro de verte», sino la que podrías dirigirle en el metro a alguien que sospechas que acaba de salir del psiquiátrico.

Estaba a punto de familiarizarme con aquella sonrisa. La vi en la cara de infinidad de especialistas a los que acudí para intentar saber qué me estaba robando la energía vital. No me molestaba que no tuvieran ni idea de qué pasaba; lo que me fastidiaba era su conclusión: como no podían explicarlo, concluían que no era verdad y, por lo tanto, me consideraban una especie de loco.

Después de no sé cuántas consultas decidí no pedir ayuda a nadie que no creyese que fuera verdad y tardé poco en descubrir que a esa descripción se ajustaba una sola persona: yo.

Ahora que lo pienso, fue el primer indicio de que la enfermedad tenía un objetivo. Ya me había aislado de casi todo el mundo externo, no pasaba apenas tiempo fuera de mi consulta y de mi cama, pero darme cuenta de que no había nadie que pudiera ayudarme fue como si se me cerrase otra puerta. Dos puertas, mejor dicho, porque también fue la época en que perdí confianza en el modelo terapéutico que me habían enseñado, y en eso tampoco podía ayudarme nadie.

Aunque entonces no me diera cuenta, esta pérdida de conexión con el mundo exterior fue lo más importante que me había pasado. La vida me obligaba a entrar en un mundo interior que por mí mismo nunca habría elegido. Al principio me sentó mal perder la conexión con el mundo exterior; tenía la sensación de que la vida pasaba de largo. Al poco tiempo, sin embargo, me di cuenta de que el mundo interior era la verdadera fuente de vida.

Además de ver a mis pacientes, mi otra actividad era dormir... o, mejor dicho, intentarlo. A veces me pasaba doce horas dando vueltas en la cama. No tenía fiebre, pero sentía un calor extraño, como si me estuviera licuando. Me sucedía cada noche. Algo intentaba sin cesar llegar hasta mí desde el mundo interior.

Y llegó. Recibí la prueba en las sesiones con mis pacientes: mientras me esforzaba por crear las herramientas que les hacían falta era como si la información que necesitaba apareciese por arte de magia. Lo que estaba claro era que no procedía de ninguna persona del mundo exterior, ni tampoco respondía a deducciones mías. Me salían respuestas de la boca que ignoraba conocer, como si fuese el portavoz de alguna otra fuerza. No podía demostrarlo, pero sí sentirlo.

También lo sentían los pacientes una vez que empezaban a usar las herramientas; hasta los más reacios, que eran los que hasta entonces rechazaban todas mis interpretaciones. Trabajar con ellos era como esculpir mármol con una cuchara de plástico. Sin embargo, todo cambió cuando empecé a facilitarles herramientas. El agente del cambio ya no era yo, sino las fuerzas superiores que invocaban con las herramientas. Era a la vez aleccionador y estimulante.

Pese a lo extenuante que fue la enfermedad, me condujo a lo que necesitaba: el acceso al mundo interior y las herramientas para invocar a las fuerzas superiores sepultadas en él. Empecé a comprender que mis pacientes y yo funcionábamos en un sistema espiritual, dentro del cual todos los acontecimientos de nuestra vida estaban encaminados a que aprendiéramos a usar las fuerzas superiores. Mi «acontecimiento» fue una enfermedad crónica sin causa aparente ni cura.

Para mí era mucho más que un sistema teórico: yo era el vivo licenciado de su programa formativo. Barry me había preguntado cómo sabía que la vida le enseñaría lo que necesitaba aprender. La respuesta me la dieron los efectos de mi enfermedad: ahora sabía que vivimos en un universo profundamente bondadoso que a todos nos reserva un objetivo. Yo había sentido en mi vida los efectos de su amor como nunca podría haber imaginado. ¿Cómo no iba a enseñarnos lo que necesitábamos aprender un universo así?

Esa fue la respuesta a la pregunta de Barry.

Cuando Phil terminó de hablar me faltaba el aliento. No esperaba oír algo tan personal. El sistema espiritual no era un mero concepto que Phil hubiera descubierto, sino algo vivido de verdad, y dentro de su sufrimiento él había encontrado un sentido positivo. Me sentí más cerca de él que nunca. Phil había estudiado medicina y yo derecho, pero los dos habíamos aprendido la fe del mismo profesor: la vida.

8

LOS FRUTOS DE UNA NUEVA VISIÓN

La fe que aprendimos de la vida no era una fe ciega, sino basada en pautas que podíamos ver de verdad en el mundo espiritual. Phil y yo dedicamos mucho tiempo a entender mejor el sistema operativo que creaba aquellas pautas, hasta que finalmente encontramos la manera de describirlas para que las entendiera todo el mundo. Nuestras observaciones constituían los pilares de una nueva espiritualidad.

Una vez identificados los pilares, nos quedamos satisfechos —y algo sorprendidos— al descubrir que en muchos sentidos la conciencia actual ya reflejaba el nuevo orden espiritual. Las fuerzas espirituales habían ido penetrando en el mundo y estaban cambiando nuestro funcionamiento como sociedad.

Pilar n.º 1: Pensar en las fuerzas superiores no sirve de nada; hay que vivirlas

Como personas de nuestra época, no nos damos cuenta de hasta qué punto nuestra percepción está limitada por el modelo científico. La ciencia no acepta nada que no se pueda demostrar lógicamente. Fue lo que me llevó, como se relata en el capítulo 7, a exigirle a Phil que demostrase la existencia de las fuerzas superiores. A él, sin embargo, no le interesaba hacerlo: sabía que las fuerzas superiores existían en un ámbito que no estaba sujeto al modelo científico. Se trata de un mundo interior en el que es necesario entrar, un mundo que no se puede entender mediante el pensamiento, sino que está dentro de la cabeza. En el mundo interior lo real es lo que afecta al conjunto del ser. Con su insistencia en que usara una herramienta para resolver mi problema Phil me guiaba a ese mundo interior y a vivir las fuerzas superiores que residen en él.

Estaba demostrando el primer pilar de la nueva espiritualidad: que la existencia de fuerzas superiores no se puede probar ni desmentir; para ti solo serán reales si las puedes sentir.

A este principio aludió el filósofo Kierkegaard al escribir lo siguiente: «La vida tiene sus propias fuerzas ocultas, que solo pueden descubrirse viviendo». Pongamos que eres un refugiado de guerra que ha perdido el contacto con su familia; imagínate la diferencia entre recibir un documento donde se te notifica que están vivos y la experiencia de reunirte de verdad con ellos, que es de esas que te cambian la vida. Es la diferencia que hay entre saber algo y vivirlo con todo tu ser. Solo el conjunto de tu ser puede experimentar las fuerzas superiores como una realidad.

Se trata de una forma de percepción radicalmente nueva. Estamos más acostumbrados a la ciencia y a la razón de lo que estamos dispuestos a admitir. De resultas de ello, acabarás *pensando* en las fuerzas superiores en vez de trabajar por *experimentarlas*, y en cuanto lo hagas estarás dentro de tu cabeza, exigiendo pruebas de que existen. Llegados a ese punto, te enfrentarás a la misma disyuntiva que yo: o exigir pruebas que nunca obtendrás o, ante la duda, usar las herramientas. Cuando dejé de pensar y me centré en las herramientas mi recompensa fue una fe que me cambió la vida. Espero que tú hagas la misma elección.

Esta nueva manera de percibir la realidad ya se ha ido introduciendo en la sociedad. Todo el mundo conoce Alcohólicos Anónimos y, en general, el programa de los Doce Pasos. Fiel al primer pilar de la nueva espiritualidad, A. A. pone la experiencia por encima de la creencia. Yo he visto a alcohólicos que ingresaron en A. A. sin estar de acuerdo con nada de lo que propugna y, sin embargo, el programa les salvó la vida. El programa no se detiene en tus ideas; si cumples los pasos, empiezas a experimentar fuerzas superiores a ti que te ayudan a no recaer.

Hasta los científicos modernos reconocen de vez en cuando la existencia de un ámbito al que no llegan las pruebas científicas, como ejemplifica una anécdota famosa sobre el gran físico danés Niels Bohr, padre de la teoría cuántica. Un joven físico que fue a visitarlo a su casa vio que tenía una herradura colgada encima de la chimenea.

—Seguro que no cree usted que una herradura le vaya a dar suerte —exclamó el joven.

—¡Pues claro que no! —contestó Bohr—. Pero he oído que no hace falta creer para que funcione.

Pilar n.º 2: En lo que se refiere a la realidad espiritual, cada persona es una autoridad para sí misma

Mientras no puedas experimentar las fuerzas espirituales con todo tu ser estarás atrapado en la misma trampa en la que estaba yo. Puedes hacer dos cosas: aceptar lo que las autoridades espirituales te piden que creas o rechazarlo (como hacía yo). Dado que en ninguno de los dos casos experimentas por tu cuenta las fuerzas espirituales, no puedes llegar a ninguna conclusión inteligente acerca de ellas, lo cual nos lleva al segundo pilar: en la nueva espiritualidad cada persona tiene que experimentar las fuerzas superiores y sacar sus propias conclusiones sobre su naturaleza. Las autoridades exteriores ya no pueden definir por nosotros nuestra realidad espiritual.

Por ahí nos alejamos de lo que solemos concebir como la religión tradicional. Antiguamente, una figura con autoridad (un sacerdote o algo por el estilo) interpretaba lo divino para toda una comunidad. La palabra de estos líderes religiosos se aceptaba universalmente como la palabra de Dios. La religión organizada sigue suscribiendo en mayor o menor grado esta vieja jerarquía que va de arriba abajo. La mayoría de las congregaciones, organizadas en torno a un líder, delegan la comprensión de lo divino en un superior, lo cual no respeta la necesidad de las personas de hoy en día de llegar a entender las cosas por su cuenta.

Ahí es donde entra la nueva espiritualidad, la cual, basándose en que todo ser humano es único, te da unas herramientas y una metodología que te permiten profundizar en las fuerzas superiores con el fin de experimentar a tu manera su naturaleza.

Para mí, personalmente, esto fue muy importante. De joven me habían enseñado a «cuestionar la autoridad» y esa fue una de las razones de que rechazase la religión organizada. Lo increíble es que el planteamiento de Phil me exigía cuestionar la autoridad, incluyéndolo a él mismo. En ningún momento intentó que estuviéramos de acuerdo; solo quería que usara las herramientas y llegara a mis propias conclusiones.

El caso es que ya no soy el único que quiere abrirse su propio camino. Cada vez son más los que desean decidir por sí mismos. Aunque Estados Unidos sea uno de los países más religiosos del mundo, las ideas de la mayoría de sus habitantes no encajan del todo en una sola religión y muchas veces entran en contradicción con las enseñanzas de su propia fe. Hay católicos que meditan y protestantes que le rezan a la Virgen (por no hablar de los judíos budistas). Pensar que lo hacen por ignorancia es pecar de condescendencia: lo que ocurre es que cada vez más personas quieren decidir lo que les funciona a partir de sus propios impulsos espirituales.

También en este caso es un buen ejemplo Alcohólicos Anónimos, que no se desarrolló desde arriba, por parte de expertos en medicina, sino desde abajo, por parte de alcohólicos. Su fundador, Bill Wilson, no era médico, sino especulador bursátil, y su autoridad procedía de no haber podido abstenerse ni un solo día del alcohol. Resultó que los más cualificados para saber cómo ayudar eran quienes luchaban día a día contra la adicción, y su conclusión fue que solo un poder superior tenía la fuerza suficiente para derrotarla.

Pilar n.º 3: Los problemas personales impulsan la evolución del individuo

Si no me hubiera sentido tan inseguro frente a mi amigo Steve, no habría adquirido la confianza que siento actualmente. Sin la enfermedad que lo dejó postrado, Phil no habría emprendido el viaje interior cuyo fruto fueron las herramientas. Son ilustraciones del tercer pilar de la nueva espiritualidad: el motor de la evolución espiritual son los problemas personales.

La gente suele estar de acuerdo con este principio, al menos en abstracto, pero cuando nos enfrentamos a grandes adversidades —un embargo, quedarnos sin trabajo o la muerte de un ser querido— a la mayoría nos cuesta ver la parte buena. El siguiente ejercicio puede servirte de ayuda. Es una manera de meterte de lleno en el sistema representado en el dibujo de Phil. Piensa en un problema especialmente difícil que tengas ahora mismo en tu vida y luego prueba lo siguiente:

> Primero piensa en el problema como en un contratiempo aleatorio que se produce en un universo inconsciente al que no le importáis ni tú ni tu evolución. ¿Cuál es tu reacción? Ahora piensa en el mismo problema como un desafío que te plantea un universo deseoso de que evoluciones y seguro de que puedes hacerlo. ¿Cuál es tu reacción?

La mayoría de la gente se siente más motivada cuando se concibe como parte de un sistema inteligente cuyo objetivo es que mejore. Después de mi comida con Steve me propuse plantearme así todos mis problemas y los resultados fueron inmediatos: tenía muchas ganas de trabajar en mis problemas porque me parecía que me beneficiaban.

Este sentimiento constante de que los problemas tienen sentido es una diferencia básica entre el consumidor y el creador. Al consumidor le parece que la vida solo tiene sentido cuando ve satisfechas sus necesidades y, dado que los problemas no son gratificantes, es inevitable que destruyan su motivación. En cambio, el creador tiene una percepción del significado que no se puede destruir: insiste en ver los problemas como algo que lo impulsa hacia una parte mejor y más elevada de sí mismo. Lejos de destruir su percepción de que la vida tiene sentido, lo que hacen los problemas es reforzarla.

Toda nuestra sociedad parece dispuesta a adoptar esta nueva visión de los problemas; por eso nos interesan más que nunca. Como a muchos les duele demasiado hacer frente a los suyos, se obsesionan con los de los famosos. Estés en el país que estés encontrarás a gente fascinada por un político pillado en un triángulo amoroso, un ídolo deportivo que agredió sexualmente a su novia o una actriz con un positivo en el último control de drogas. Necesitamos centrarnos en nuestros problemas tanto como lo hacemos en los de los famosos.

Está claro que el deseo existe; el crecimiento astronómico del uso de la psicoterapia desde que Freud dio a conocer el psicoanálisis a principios del siglo XX así lo pone de manifiesto. Este fenómeno tiene una explicación sencilla: recurrimos a la terapia para resolver nuestros problemas. Sería fácil rebajar el auge de la psicoterapia a un mero síntoma de nuestro ensimismamiento;

millones de Woody Allen sueltos en la sociedad. Nosotros, sin embargo, hemos observado que hasta el más ensimismado de los pacientes percibe en algún grado la importancia decisiva de los problemas como motor de su evolución.

Hasta hace muy poco, sin embargo, la psicoterapia se ha centrado más en las causas de los problemas que en las soluciones. Hace sesenta años, en un tratamiento de psicoanálisis era aceptable hablar de tus problemas cinco días por semana sin hacer nada por solucionarlos. Actualmente el paciente medio quiere algo más: quiere desarrollar capacidades ocultas y está dispuesto a trabajar lo necesario para que así ocurra.

Los pacientes quieren reaccionar a sus problemas como creadores. Lo único que necesitan son las herramientas indicadas.

El día que la psicoterapia reconozca esta necesidad revolucionará la profesión. En realidad, no hay mayor ironía: la psicoterapia, una creación de Sigmund Freud (un ateo consumado), se convertirá en una empresa espiritual.

Es evidente que Dios tiene sentido del humor.

Yo he visto crecer la aceptación de la espiritualidad en mi propia consulta. Hay un tipo determinado de paciente de psicoterapia —educado, moderno, irónico, con poca o nula formación religiosa— que hace veinte o treinta años se habría burlado de la idea de las fuerzas espirituales. Ahora, cuando trabajo con este mismo tipo de personas, me veo describiendo soluciones espirituales en la primera sesión y las aceptan. A veces me sorprenden con afirmaciones como «yo creo que todo pasa por alguna razón». Estas personas nunca han tenido la intención de abrirse espiritualmente; las ha pillado una ola evolucionista que está influyendo en todas las actitudes. Si la ola ha llegado hasta ellas es que está en todas partes.

Sin nuestra participación activa, sin embargo, la evolución no puede llevarnos muy lejos. Para cumplir todo nuestro potencial evolutivo la humanidad necesita responsabilizarse conscientemente de traer al mundo fuerzas superiores. La necesidad de fuerzas superiores ya es muy grande en el plano individual, pero todavía es mayor en el conjunto de la sociedad. De ello depende lo que más queremos. La nueva espiritualidad está llegando justo a tiempo.

CURANDO A UNA SOCIEDAD ENFERMA

La sociedad, igual que cada individuo, tiene un espíritu. Imagínatelo como un organismo, invisible pero vivo, que nos conecta a todos. El espíritu es puro movimiento y permite que las sociedades acepten el futuro a la vez que crea armonía y comprensión entre sus miembros.

Si una sociedad tiene el espíritu sano, no teme el cambio; se abre a lo nuevo y es capaz de innovar ante los desafíos. Una sociedad así persigue sus aspiraciones con confianza y tiene fe en su futuro. Un espíritu fuerte, por añadidura, hace que cada persona se sienta parte de un organismo social, responsable del bien colectivo y dispuesto a sacrificar por él sus intereses individuales.

Pero el espíritu de nuestra sociedad no está sano. Hemos perdido la fe en nuestro futuro; la gente, recelosa, se cierra a las ideas nuevas y no está dispuesta a correr riesgos ni a gastar o prestar dinero. También hemos perdido fe en la comunidad y, con ello, el sentimiento de que todos nos hallamos conectados. Cada cual va a la suya y no hay quien se responsabilice de la sociedad en general.

Cuando nadie se responsabiliza de nada que no sea su propio bienestar las civilizaciones se pudren por dentro y acaban por venirse abajo. El ejemplo más famoso fue la caída del Imperio romano. Así lo describió Lewis Mumford, el eminente historiador americano:

> Todos aspiraban a la seguridad; nadie aceptaba la responsabilidad. Lo que a todas luces faltaba, mucho antes de las invasiones bárbaras [...] mucho antes de los trastornos económicos [...] era un empuje interno. La vida de Roma se había convertido en sucedáneo de vida [...]. La consigna era la seguridad, como si en la vida hubiera alguna otra estabilidad que el cambio constante, o alguna otra forma de seguridad que la disposición constante a correr riesgos.

Lo que Mumford llamó «empuje interno» corresponde con exactitud a lo que estamos definiendo como el espíritu de la sociedad. Es la fuerza motora que infunde vida a la sociedad y le permite perseguir el futuro con valentía.

Antes nuestro espíritu era fuerte; lo bastante fuerte para reaccionar a la Segunda Guerra Mundial tras diez amargos años de penurias económicas. Su fuerza procedía de la entrega de lo que llamamos «la generación más grande», y con razón. Su grandeza residía en que estaban dispuestos a hacer enormes sacrificios personales en aras de un bien superior.

Seguimos siendo tan capaces como ellos de ser grandes, pero no podemos depender de que una guerra mundial, o cualquier otro acontecimiento externo, despierte nuestra fuerza. Actualmente, como hemos explicado, la evolución requiere que demos lo mejor de nosotros, no porque nos *obligue* a ello ningún acontecimiento externo, sino porque *lo decidimos nosotros con nuestro libre albedrío*.

El libre albedrío debe empezar por el individuo, pero ¿puede la vitalidad espiritual de una sola persona influir en la sociedad? Sí, puede; y no solo eso, sino que es lo único que puede hacerlo. Las fuerzas superiores siempre han sido, y siguen siendo, esenciales para las sociedades que tienen éxito, pero en el pasado procedían de instituciones, líderes espirituales o ceremonias y rituales sagrados; cauces tradicionales en los que no estaban implicadas las personas comunes. Hoy en día la evolución exige que las fuerzas superiores solo penetren en la sociedad a través del individuo. Esa es la razón por la que esos canales tradicionales —por corrupción, parálisis o irrelevancia— están perdiendo su influencia. Mientras los individuos carezcan de poder para sustituirlos seremos una sociedad desprovista de fe y visión de futuro.

Para dar poder a los individuos hace falta una revolución, pero las revoluciones siempre se han hecho contra opresores externos. Ahora el enemigo está dentro y usa el sistema de creencias de cada persona contra ella. Usa la ciencia para convencernos a algunos de que no existen fuerzas superiores, de que no hay ayuda disponible. En otros casos reconoce la existencia de fuerzas superiores pero insiste en que para conectar con ellas debemos dejar de pensar por nuestra cuenta y aceptar las ideas de alguna figura externa revestida de autoridad.

Para derrotar al enemigo interno necesitamos armas propias que nos permitan creer en las fuerzas superiores y experimentarlas sin sacrificar nuestra libertad. Tú ya las has usado en beneficio propio, sin darte cuenta de su capacidad de incidir en el conjunto de la sociedad. Las armas en cuestión son las herramientas de este libro. Cada vez que usas una herramienta y haces que en tus problemas incidan fuerzas superiores también las pones a disposición de la sociedad en general. Una vez que aceptas esto último, tus problemas pasan a ser algo más que una fuente de introversión: te hacen ir más allá de ti mismo y preocuparte por toda la humanidad. Las herramientas te hacen participar en una revolución silenciosa; una revolución de creadores. Solo un creador puede cumplir la exigencia evolutiva de transformar la sociedad al mismo tiempo que se cambia a sí mismo.

¿Cómo sería formar parte de esa revolución? Estás a punto de averiguarlo. En los próximos cinco subapartados usarás cada herramienta para que las fuerzas superiores incidan en un problema personal y, cuando lo hagas, te enseñaremos a experimentar los efectos que pueden tener en el conjunto de la sociedad.

ARMAS PARA UNA REVOLUCIÓN SILENCIOSA

Inversión

Los espíritus sanos tienen confianza en poder hacer frente al porvenir. Aunque sea imposible saber exactamente qué nos deparará el futuro, puede afirmarse que algún tipo de dolor contendrá. En nuestro caso, el «dolor» se presentará casi con certeza en forma de amenazas económicas (y posiblemente físicas) a nuestro bienestar, elecciones difíciles y sacrificios colectivos. Ninguna sociedad puede cumplir sus aspiraciones si no está dispuesta a hacer frente a estos tipos de adversidad.

La capacidad de enfrentarse al dolor depende de la fuerza de la progresión, de la que hablamos en el capítulo 2. Es la fuerza que permite a una vida individual crecer y cumplir su potencial sin que la arredre el peligro. Igual de importante es la capacidad de progresar hacia el futuro para una sociedad.

Cuando una persona deja de avanzar en la vida, se estanca. A las sociedades les pasa lo mismo: sus integrantes dejan de enfrentarse a la realidad y entran en una zona de confort colectiva: viven en la fantasía de poder obtener lo que quieren sin necesidad de ningún sacrificio. Las sociedades de consumo, por ejemplo, hipotecan su futuro para adquirir cosas que no se pueden permitir.

Cuando falta la fuerza de la progresión las sociedades se extravían; en vez de aspiraciones reales nos quedamos con eslóganes vacíos, sin sentido, y nuestros ideales perecen.

Nuestros líderes no nos ayudan: quieren que creamos que no tenemos que enfrentarnos a la realidad; eso les facilita el trabajo y por eso nos mienten. No obstante, antes de echarles la culpa recuerda que son nuestro reflejo: ellos tampoco toleran el dolor. No podemos esperar que asuman el de enfrentarse a la verdad mientras no hayamos demostrado nuestra propia disposición a lidiar con ella.

En el capítulo 2 aprendiste la herramienta para hacer frente al dolor: se llama inversión del deseo. Cuando la usas desencadena una fuerza poderosa que vence tu aversión normal al dolor y te empuja hacia él. Con esa fuerza eres imparable. Cuando usas la herramienta y te pones en movimiento no es solo tu vida la afectada. Dado que la mayoría de los seres humanos no salen nunca de su zona de confort, los que sí lo hacen tienen un profundo influjo en los demás. Una vez en movimiento empezarás a ver su efecto en quienes te rodean: cuando ven y sienten que haces cosas que no habías hecho nunca se ensancha la percepción que tienen de sus propias posibilidades. Así es como se transforma el espíritu de una sociedad.

Imaginemos cómo podría ser:

> Cierra los ojos y aplica la inversión del deseo a algo que suelas evitar. Siente que empiezas a avanzar. Verás que las personas de tu entorno, inspiradas por tu movimiento, aplican la herramienta a lo que sea que evitan. Ves a millones de personas que aceptan el dolor y, de resultas de ello, progresan en la vida. ¿En qué se diferencia la sociedad que estás imaginando de la que existe ahora?

Cuando millones de personas dejan de evitar y empiezan a ir hacia delante no hay problema social que no sean capaces de solucionar. Solo una sociedad que acepte el dolor podrá mostrar el camino al resto del mundo.

Amor activo

Los espíritus sanos mantienen una visión positiva del futuro y trabajan constantemente por crearlo. Para eso hace falta estar abierto a nuevas ideas y a nuevas maneras de solucionar problemas. Cuando las circunstancias hacen que las nuevas ideas no reciban la atención que merecen el espíritu de una sociedad declina.

En el capítulo 3 presentamos el concepto del laberinto. En el plano individual consiste en sentirse tratado injustamente por otra persona y no poder quitárselo de la cabeza; en lo único que puedes pensar es en lo que debería ocurrir para que volvieras a encontrarte bien. Es como si la otra persona se te hubiera metido en el pensamiento y ya no se moviera de él, y así, mientras tú te obsesionas, la vida pasa de largo.

Que esto le ocurra a una persona es grave, pero que sea toda una sociedad la que caiga en un laberinto colectivo es un desastre: la mente de esa sociedad se cierra y, en vez de ser un mercado de nuevas ideas, se convierte en un vertedero de ideas viejas. En ese momento su espíritu muere.

Si prestas atención a los debates públicos de nuestra sociedad, te darás cuenta de que las nuevas ideas ni siquiera se contemplan. Lo que distingue al laberinto es la repetición, que deja fuera cualquier nuevo elemento. Del mismo modo que el laberinto atrapa a una persona en el pasado, puede hacerlo con toda una sociedad, que es lo que nos está ocurriendo ahora mismo: la vida nos pasa de largo mientras seguimos enzarzados en debates que ya duran décadas.

El laberinto colectivo en que nos encontramos se revela en el tono del debate público: estridente, hipócrita y despectivo con cualquier persona que se atreva a disentir. La dureza con la que juzgamos cualquier idea que entre en contradicción con las nuestras es casi un acto reflejo. Visto desde fuera, parece que estemos en guerra y que lo único que importe sea ganar. Da la sensación de una lucha a muerte.

Solo hay una manera de darle la vuelta a esta situación. Tal vez suene radical, pero debemos aprender a aceptar todas las ideas, incluso las que más nos ofenden. Pero eso no podemos hacerlo con nuestro intelecto; solo algo más grande que nosotros tiene la fuerza necesaria para crear ese nivel de aceptación. En el capítulo 3 pusimos a esta fuerza superior el nombre de «efusión».

La efusión se genera a través del corazón humano. En un plano cósmico, la principal característica del universo es la efusión. Como seres humanos gozamos de la capacidad de crear nuestra propia versión de este en miniatura, momento en que sucede algo especial: nos sincronizamos con la efusión cósmica. Estamos en armonía con una fuerza infinitamente mayor que nosotros. En esos momentos no nos hace falta juzgar ninguna idea, ni siquiera las que discrepan de las nuestras. La seguridad que sentimos procede de un lugar más elevado.

Nos demos cuenta o no, la efusión subyace en cualquier foro público de tipo constructivo. Sin ella las discusiones se convierten en guerras y perdemos la esperanza de llegar a resolver nuestros problemas.

El amor activo es lo que hace posible generar efusión, la cual libera a la persona del laberinto. Veamos qué pasaría en el ámbito colectivo si un número suficiente de personas emplease la herramienta:

> Cierra los ojos e imagínate a alguien cuyas ideas te ofendan profundamente. Usa el amor activo con esa persona. Después vuelve a usarlo, pero esta vez imagínate que toda la sociedad utiliza la herramienta con alguien que la ofende. ¿Cómo cambia la sociedad cuando millones de personas canalizan esta fuerza que es toda aceptación?

No hay nada más estimulante que ver a un ser humano capaz de generar efusión ante el peor de los juicios: el odio feroz. Por eso Martin Luther King es un icono estadounidense, porque empleó el amor activo (sin llamarlo así) para no caer dentro del laberinto. Así acabó su sermón «Amando a tus enemigos»: «Por eso esta mañana, al miraros a los ojos y al mirar a los de todos mis hermanos de Alabama, y de toda América, y del mundo entero, os digo: "Os quiero. Preferiría morirme que odiaros". Y soy lo bastante tonto para creer que gracias al poder de este amor en alguna parte se verán transformados hombres de lo más recalcitrantes».

Incluir a la sombra

De la misma manera que un espíritu fuerte acepta ideas nuevas, también acepta a todo tipo de personas. Ve la humanidad común en todas las personas; de ahí que no se sienta amenazado por la diversidad de las costumbres, creencias o formas de vida. Al espíritu fuerte le interesa todo el mundo y actúa de modo que no excluya a nadie.

En cambio, cuando el espíritu es débil perdemos el hilo que nos une a todos, un hilo sin el cual los que difieren de nosotros en su aspecto y su manera de hablar y de actuar se convierten en «los otros»: los tememos, nos sentimos superiores a ellos o les echamos la culpa de nuestros problemas. Por muy tolerante que seas, si eres sincero contigo mismo reconocerás que hay gente a la que ves como «otros», ya sea un veterano de guerra gravemente lisiado, un pordiosero o un grupo étnico.

Detrás del rechazo al «otro» hay un rechazo más profundo de una parte de ti mismo. En el capítulo 4 te presentamos a la sombra, un ser que vive en tu interior. Todos los sentimientos que despierta «el otro» en ti nacen de lo que te hace sentir esta parte oculta de ti mismo. Mientras no sepas aceptar esta parte de ti no aceptarás al «otro». Del mismo modo que todos estamos divididos en contra de nosotros mismos, la sociedad, en un sentido dilatado, está dividida en contra de sí misma. Una sociedad incapaz de incluir al «otro» es una sociedad que ha quebrantado su propio espíritu.

La única manera de reconstruir el espíritu es ser fiel a su naturaleza. El espíritu siempre se mueve hacia la plenitud: quiere abarcar a todas las personas. Cada vez que aceptamos a quienes son más distintos de nosotros alimentamos el espíritu. Es una cuestión de interés personal. Es imposible que alguien se sienta seguro en una sociedad que está en conflicto consigo misma. Como escribió el poeta inglés John Donne, «ningún hombre es una isla [...] / la muerte de cualquier hombre me disminuye, / porque estoy implicado en la humanidad; / por eso, no preguntes nunca / por quién doblan las campanas: doblan por ti».

El remedio contra las divisiones externas de la sociedad debe empezar dentro de cada individuo. Cuando aceptas a tu sombra descubres que, lejos de ser un motivo de vergüenza, es una fuente de fuerzas superiores. De este modo, las personas que te rodean tendrán el valor para hacer lo mismo. El poder que de ello obtiene cada individuo es un modelo en miniatura del potencial que podemos cumplir como sociedad que llega a su plenitud.

Así es como se revitaliza el espíritu de una sociedad, de persona en persona. Lo que tú, como individuo, necesitas hacer para poner en marcha el proceso es lo siguiente:

> Cierra los ojos y visualiza a tu sombra. Siente la vergüenza que pasarías si se revelase a otras personas. Imagínate que alrededor de ti millones de personas sienten lo mismo acerca de su sombra y hacen todo lo posible por esconderla. ¿Qué le pasa a una sociedad en la que todo corazón se cierra a los otros corazones? Ahora dile a tu sombra que has cometido un horrible error y que

> sin ella no puedes estar completo. Imagínate a millones de personas diciéndole lo mismo a su sombra. ¿Qué puede hacer esta sociedad de corazón abierto que no podía hacer la anterior?

En el capítulo 4 usamos la sombra como parte de una herramienta llamada autoridad interior. Una vez que aceptas a tu sombra y llegas a tu plenitud adquieres la capacidad de expresarte libremente, lo cual tiene una gran relevancia, la verdad sea dicha, a la hora de curar el espíritu de nuestra sociedad. Todo el mundo tiene una sombra, y toda sombra habla un «lenguaje del corazón». Al tratarse de un lenguaje común al conjunto de la humanidad, todo el mundo se siente incluido; no se excluye a nadie.

Flujo de gratitud

El espíritu de una sociedad depende del apoyo de todos sus integrantes. Especial importancia revisten las personas con autoridad. En cierto sentido, son los «administradores» de la sociedad, que protegen sus recursos y ejemplifican sus ideales; ejercen de guardianes de su espíritu.

Una de las razones de que la sociedad esté tan enferma es que sus administradores no han sabido velar por sus intereses. No sienten que deban responder de nada más allá de sí mismos. En la banca, el derecho, la medicina, la política, la universidad y la empresa hemos visto a personas poderosas, privilegiadas, que no han sido capaces de proteger al conjunto de la sociedad, sino que han adoptado una actitud de «sálvese quien pueda».

Tenemos el motivo en las narices, pero no lo vemos. En nuestra sociedad casi todos están insatisfechos con lo que tienen; nadie cree tener bastante. Esta sensación —la de que, por mucho poder y riqueza que acumulemos, no basta— nos obliga a pensar solo en nuestros intereses y renunciamos a velar por la sociedad en su conjunto.

A pesar de nuestros problemas, seguimos teniendo mucho de lo que alegrarnos. Entonces, ¿por qué hay un sentimiento tan generalizado de insatisfacción? La respuesta es que estamos desconectados de lo único que puede satisfacernos. Lo hemos descrito en el capítulo 5, donde lo llamábamos «la fuente»: un poder de pura donación que nos creó, nos sustenta y llena nuestro futuro de infinitas posibilidades. Cuando no percibimos que la fuente está presente de verdad en nuestra vida nos sentimos solos, sin apoyo, y son esos sentimientos los que nos impulsan a centrarnos exclusivamente en nuestro interés personal. Hasta las personas con poder y privilegios abandonan su responsabilidad para con el conjunto de la sociedad.

El sentimiento del deber público no puede legislarse. Aunque las leyes y las normativas puedan impedir los actos de irresponsabilidad más flagrantes, no pueden meterse en las personas y cambiar su sentir. La única manera de que las personas con autoridad se vean impulsadas a cumplir con sus responsabilidades es que estén agradecidas por lo mucho que se les ha dado. Tienen que reconocer la verdad: nadie llega a un cargo de autoridad sin una ayuda enorme, en forma de oportunidades educativas, libertades como nunca habían existido o el hecho de que haya tantas otras personas dispuestas a ocupar puestos de trabajo mucho menos gratificantes. En última instancia, esto es válido para todos: el día en que valoremos todo lo que nos han dado nos parecerá antinatural no entregar nada a cambio.

Es ahí donde interviene el flujo de gratitud. En el capítulo 5 aprendiste que la gratitud no es solo una emoción, sino el medio por el que te conectas con la fuente. Cuando usas el flujo de gratitud experimentas lo que es ser beneficiario de su generosidad sin límites. La energía positiva que generas es un incentivo para que las personas de tu entorno valoren lo bueno que hay en su vida. Solo una oleada de gratitud que afecte a toda nuestra sociedad podrá contrarrestar el grado de egoísmo que nos ha desgarrado.

Imagínate cómo sería:

> Cierra los ojos y empieza a reflexionar sobre tus insatisfacciones. Después imagínate a toda la sociedad que te rodea en un estado similar de descontento. ¿Cómo afecta al sentido de la responsabilidad entre las personas?
>
> A continuación, borra esa imagen y pon en práctica el flujo de gratitud. Te sientes abrumado de agradecimiento por lo que te han dado desde que naciste. A continuación, te ves rodeado de millones de personas que utilizan la herramienta y rebosan de gratitud. ¿Cómo influye en el sentido de responsabilidad mutua de las personas? ¿En qué se diferencia la sociedad que estás visualizando de la que viste al empezar?

Riesgo

Las cuatro fuerzas superiores que hemos identificado pueden revigorizar el espíritu de nuestra sociedad, pero no si los miembros individuales de esa sociedad no hacen lo necesario para que intervengan. Como sociedad aún estamos esperando que alguien o algo mágico provoque los cambios sin ningún esfuerzo por nuestra parte. No hay nada más penoso que saber lo que hay que hacer y no hacerlo. Es como ver a alguien sufrir un ataque al corazón y esperar a que otra persona se encargue de la reanimación.

Lo que se muere no es un individuo, sino el espíritu de nuestra sociedad, y eso nunca se había visto tan claro en todo el tiempo de vida que llevamos. Ahora lo sabemos y aun así estamos paralizados; por alguna razón, el peligro no acaba de parecernos real. Mientras siga siendo así no encontraremos la fuerza de voluntad necesaria para actuar. Es ahí donde entra en escena la herramienta del riesgo.

Cada vez que usas el riesgo derribas tu negación y activas tu propia voluntad, pero también ocurre otra cosa: el poder de tu fuerza de voluntad afecta a quienes te rodean. Es como si alguien empezara a hacerle la reanimación al moribundo. Es posible que otro espectador, al caer bruscamente en la cuenta de lo que está en juego, llame al número de emergencias y rápidamente se movilice todo el mundo.

Repasemos tu experiencia personal con el riesgo para ver si influye en la comunidad que te rodea. Antes de empezar elige una situación típica en la que deberías usar las herramientas, pero no las usas.

> Cierra los ojos y vuelve a la imagen del yo en el lecho de muerte que viste en el capítulo 6. Viéndote paralizado en la situación que has elegido, el moribundo te exhorta a no desperdiciar el momento y crea una urgencia que te presiona para que actúes. Relájate un momento, sin abrir los ojos, y mira a tu alrededor. La fuerza de voluntad que has creado acaba de atraer a una multitud enorme. Vuelve a usar el riesgo, pero esta vez imagina que es toda la sociedad la que usa contigo la herramienta. Siente el poder imparable de su voluntad colectiva. ¿Cómo modifica la sociedad?

Esta experiencia pone de manifiesto la razón de que el riesgo sea la herramienta más decisiva de todas. Somos una sociedad compuesta de individuos desmoralizados. Individualmente nos sentimos impotentes para inducir el cambio, lo cual hace que nos resulte imposible sanar nuestro espíritu. Pero no lo entendemos bien: la visualización que has practicado hace un momento era más que un ejercicio en beneficio propio. Las fuerzas que has sentido tienen la capacidad de salvar a la sociedad. No esperes a que las invoque otra persona; nadie está más cualificado que tú.

AHORA DEPENDE DE TI

Casi has llegado al final del libro. Es un momento decisivo para ti: lo que hagas al acabarlo determinará tu futuro. Si quieres seguir siendo un consumidor, te olvidarás de casi todo lo que has leído y no solo habrás sido inmune a los efectos del libro, sino que habrás negado la importancia de tu propia evolución, para ti mismo y para el mundo.

Si, por el contrario, aspiras a ser un creador, aún no has terminado.

Para ayudarte a convertirte en creador el libro no puede limitarse a transmitir ideas; tiene que despertar fuerzas superiores dentro de ti. Y para mantener la vitalidad de esas fuerzas deberás usar las herramientas mucho después de haber acabado de leer el libro (el resto de tu vida, de hecho). He ahí tu gran objetivo: mantener una relación con las fuerzas superiores que no se acabe nunca. Puede que estemos locos, pero es lo único que nos satisfará. Y, si aspiras a ser un creador, es lo único que te satisfará a ti.

A lo largo de este libro hemos intentado transmitir una verdad sencilla pero poderosa: el poder de las fuerzas superiores es una realidad absoluta. Cuanto más tiempo formen parte de tu vida, más profundamente te cambiarán. Tenemos pacientes que llevan cinco, diez o más años viviendo con ellas y su vida se ha vuelto excepcional. Es verdad que muchos de ellos han tenido un gran éxito, pero lo excepcional es su respuesta al fracaso. Su espíritu, constantemente imbuido de fuerzas superiores, brilla con una resistencia incontenible.

Cuando llega la adversidad la asumen a sabiendas de que profundizará su relación con las fuerzas superiores. Su recompensa es el apoyo omnipresente de algo mayor que ellos. Gracias a eso gozan de una seguridad inquebrantable, viven vidas más amplias y plenas de lo que se habían imaginado y son la inspiración para que otros hagan lo mismo.

Estas personas gozan del más infrecuente de los bienes: la auténtica felicidad. La mayoría nunca la encontramos, porque la buscamos en el mundo exterior. Nuestro barco nunca acaba de llegar porque estamos buscando en el lugar equivocado.

La verdadera felicidad es la presencia constante de fuerzas superiores en nuestra vida, y el universo está hecho de tal modo que las fuerzas superiores se encuentran diariamente a nuestro alcance. Solo tenemos que usar las herramientas para seguir conectados a ellas.

Cuando lo hagan bastantes personas la nueva espiritualidad se convertirá en algo más que una idea: será un organismo vivo cuya suerte dependerá de los esfuerzos de individuos como tú. Este libro solo es una introducción al proceso. La nueva espiritualidad te pide ir más allá del libro, formular tus propias preguntas y descubrir nuevas respuestas sobre el espíritu humano. No te beneficia solo a ti; sin ello, la nueva espiritualidad se muere. De ti depende el futuro.

No hemos escrito este libro para que los consumidores lo digieran y eliminen como comida rápida. Tampoco lo hemos escrito para reclutar adeptos o seguidores. Lo hemos escrito para que tú, como creador, impulses la nueva espiritualidad a tu manera, independientemente de cuáles sean tus circunstancias. Si lo haces, aunque no lleguemos a conocernos, estaremos conectados para siempre.

AGRADECIMIENTOS

En primer lugar, deseo dar las gracias a mi amigo Barry Michels, coautor del libro. Fue su impulso el que puso en marcha el proyecto y su fe la que hizo que no zozobrase ni siquiera en los peores momentos. Ha tratado mis ideas con el máximo esmero y atención, pero yendo constantemente más lejos de lo que podría haber llegado yo con ellas. Es una insólita combinación de ecuanimidad, sensibilidad y pasión. Yo pondría mi vida en sus manos.

También quiero dar las gracias a Joel Simon, amigo de toda la vida que ya no está con nosotros. Fue él quien me enseñó lo que es el auténtico valor.

Por último, quiero expresar mi gratitud al grupo de amigos y colegas que han tenido la generosidad de leer el libro en sus distintas fases. He valorado muy especialmente sus aportaciones, porque ya conocían las herramientas y los conceptos que intentaba describir. Michael Bygrave, Nancy Dunn, Vanessa Inn, Barbara McNally, Sharon O'Connor y Maria Semple: a todos ellos les debo aportaciones decisivas.

PHIL STUTZ

Mi gratitud debe ir ante todo a mi amigo Phil Stutz, coautor del libro, y a mi mujer, Judy White. Sin ellos no podría haberlo escrito. Phil es sencillamente la persona con el don más excepcional que he conocido nunca. Su sabiduría penetra tan profundamente en la esencia de las cosas que no se me ocurre una sola pregunta a la que no haya sabido responder, y sus respuestas son siempre sorprendentemente incisivas, a la vez que las pronuncia con una pasión y un cariño tremendos. Igual de imposible sería dar las gracias a mi mujer como se merece. Ha sido de una lealtad y de una ayuda inquebrantables. La quiero con todo el corazón.

También deseo dar las gracias a mis hijos (ambos adultos), Hana y Jesse. Su apoyo —desde cambios específicos en el texto hasta algo más general como es su amor y buena voluntad— lo es todo para mí. Jesse se interesó especialmente por la incidencia a gran escala de las herramientas, en el ámbito de la sociedad, y fue uno de los factores decisivos en nuestra decisión de incorporarla al libro.

La lista de amigos que me han animado con su cariño y su apoyo incondicional es larga: Jane Garnett, Vanessa Inn, Steve Kivelson, Steve Motenko, Allison y David White... Gracias a todos por manifestarme vuestra confianza cuando yo ya no tenía ninguna en mí mismo.

Por último, quiero dar las gracias a mis pacientes. Siento cada día como un honor y un motivo de profunda humildad el hecho de que os pongáis en mis manos. Las conexiones que siento con vosotros son de las más íntimas que he forjado en mi vida. Gracias por hacerme partícipe de vuestras partes más profundas y gracias por la ayuda tan tangible que me habéis dado a la hora de hacer realidad este libro.

BARRY MICHELS

Ambos queremos dar las gracias a Yvonne Wish por su ayuda en los miles de detalles relacionados con el libro. Su diligencia, su perspicacia y su atención al detalle nos han salvado innumerables veces.

Gracias, también, a Michael Gendler y Jason Sloane, por la amabilidad y la equidad para con todo de que dieron pruebas al guiarnos por el complejo proceso de negociación. Sin su perspectiva y su experiencia también nosotros habríamos necesitado terapia.

Random House ha sido increíblemente generosa en términos de tiempo y de recursos y un hogar maravilloso para nuestro libro. Nuestra editora, Julie Grau, es de lo mejor que hay; una mujer a la vez astuta y flexible con la que tuvimos la sensación de que captaba de inmediato nuestro material. Theresa Zoro y Sanyu Dillon, junto con sus respectivos equipos, han sido de una solicitud portentosa en sus consejos y en su ayuda a lo largo del viaje.

Deseamos dar las gracias, asimismo, a nuestra agente, Jennifer Rudolf Walsh. Supimos desde el primer día que habíamos encontrado a un alma gemela. Comprendió enseguida qué buscábamos y cuáles eran nuestros objetivos y valores y decidió defender nuestro trabajo con una energía infatigable y una habilidad inagotable.

Finalmente, no conoceríamos ni a Julie Grau ni a Jennifer Walsh si una periodista de talento superior, Dana Goodyear, no hubiera decidido escribir un artículo acerca de nuestro trabajo en *The New Yorker*. Le agradeceremos toda la vida el cuidado y el respeto con que lo hizo.

PHIL STUTZ y BARRY MICHELS